丛书主编　[英]理查德·史蒂文斯（R
译丛主编　郭本禹　阎书昌

埃里克·弗洛姆:
人类处境的探索者
Erich Fromm:
Shaper of the Human Condition

[英]安妮特·汤姆森（Annette Thomson）著　　方 红 译

上海教育出版社
SHANGHAI EDUCATIONAL
PUBLISHING HOUSE

译丛总序

由理查德·史蒂文斯（Richard Stevens）主编的"心灵塑造者：心理学大师及其影响"丛书的中文译本终于陆续与读者见面了。这套丛书由八位震古烁今的心理学家学术传记组成，他们分别是人类处境的探索者埃里克·弗洛姆（Erich Fromm，1900—1980）、进化思维的塑造者查尔斯·达尔文（Charles Darwin，1809—1882）、潜意识的探索者西格蒙德·弗洛伊德（Sigmund Freud，1856—1939）、行为的塑造者伯尔赫斯·F. 斯金纳（Burrhus F. Skinner，1904—1990）、个人建构心理学的探索者乔治·凯利（George Kelly，1905—1967）、人格毕生发展的探索者埃里克·埃里克森（Erik Erikson，1902—1994）、矛盾的心理学探索者汉斯·艾森克（Hans Eysenck，1916—1997）和服从及其意义的探索者斯坦利·米尔格拉姆（Stanley Milgram，1933—1984）。

"心理学虽有一个漫长的过去，但仅有一个短暂的历史。"（艾宾浩斯语）在这漫长而短暂的历史中，出现了一批又一批的心理学家，他们为心理学提供了概念、框架、理论，同时这些概念、框架、理论又成为我们审视人类生存状态的工具。我们通过这些心理学家的学术传记，审视他们在推动概念的出现、框架的转换、理论的演变那一时刻的所思所想，体悟心理学发展历程的魅力所在，观察心理学发展的历史起伏，最终形成对心理学理论发展的个人认知，并成为心理学发展新认知、新观念和新思想的源泉。

这套丛书的传主都是心理学历史上创造性极强的人物，他们已有的传记早已享誉学界，为什么还要出版这套丛书，而且是以篇幅不大的单册小书来展现每位传主呢？这套丛书以洗练的文笔和极简的篇幅，深入浅出地展示了这些伟大心理学家的创造性工作，可谓以"小书"述"大家"。每本传记都概述了心理学家关于人类心理与行为的最重要观点，并给出了深刻而透彻的评论，通过心理传记的方式，结合心理学家的人格和生活经验来阐述其思想，最终试图探寻心理学家的思想与当代世界的关联。通过这套丛书，我们可以看到这些心理学家的创造性，看到他们所展示的心理学理论的魅力之花，看到他们创立的概念和理论对人类心灵的塑造作用。

为此，我们引进这套丛书，组织了国内高校一批优秀的、年富力强的中青年教师加入到丛书的翻译队伍中，希望通过翻译工作为国内理论心理学、心理学史领域培育一批中坚力量，为未来的研究提供新的活力。我们殷切希望，未来可以有一批学者能够写出一系列中国心理学家的学术传记，讲述心理学的"中国故事"！

不仅如此，在快节奏的时代，篇幅较小、可读性强的传记往往具有特别的阅读优势，便于读者迅速把握住心理学家的核心观点。这套传记不仅适合心理学界的读者阅读，而且适合普通读者阅读，反映出这些传主的跨学科影响力。这是组织出版这套丛书的意旨——让国内读者特别是对心理学感兴趣的年轻读者了解心理学大师独特的思想成果，感知大师成长中的智慧才情，学习大师们的治学方法。

　　我们希望，这套丛书精选的国际心理学大师的传记，能够帮助国内年轻读者了解和熟悉心理学发展史上这些心理学大家的精彩思想和人生历程，获得智慧和启迪，为我国心理学的发展提供新思路，做出新贡献。

郭本禹　阎书昌

2021 年 8 月 26 日

目　录

前　言

　　在撰写本书之时，我已是第三次接触弗洛姆（Erich Fromm）的思想。

　　第一次接触弗洛姆的思想是在 20 世纪 70 年代后期（那时正好是我中学的最后几年），当时德国正盛行一项新兴运动，我和朋友们传阅了《占有还是存在？》（*To Have or To Be?*）一书。这本书在当时的我们看来就像是阐明新时代的一道曙光，它从根本上改变了我们思考社会、思考我们自身在社会中的作用的方式。

　　第二次接触弗洛姆的思想是 20 世纪 80 年代我在英国学习心理学期间。在审视不同的咨询方法和关系时，我读到了《爱的艺术》（*The Art of Loving*）一书，再次被弗洛姆清晰的思维和乐观的态度深深鼓舞。

　　第三次接触弗洛姆的思想是在 20 世纪 90 年代后期，当时我在英国，为了探究当代的社会分析，我再次翻阅了弗洛姆的著作。在不同学者关于社会的不同观点（例如，有的学者将社会描述为"冒险"和"信息"，有的学者将社会描述为"知识"）中，我形成了自己的观点。于是，我开始想弄清楚："长时间的工作与忙碌"在何种程度上支配了西方社会？西方社会已经成了一个"闷头做"的社会吗？这个问题驱使我再次翻开《占有还是存在？》。我发现，书中的许多观点与我认为的当代社会的主要特征有非常密切的关联。毫无疑问，弗洛姆是一位值得再次拜读其作品的学者，更为广泛和更加深入地探究弗洛姆的作品会让我自己的思路变得更加清晰。这几年来，虽然有了 20 年"后见之明"的帮助，我对弗洛姆的思想提出了一种更具批判性的看法，但我还是认为弗洛姆的思想发人深省、鼓舞人心，而且极具影响力。

　　本书旨在让读者全面了解弗洛姆的生平经历，以及一些重要的研究工作。第一章介绍了弗洛姆的生平，向读者介绍了弗洛姆是怎样在动荡不安的历史时期，在其专业背景以及个人经历中提出其观点见解的。第二章到第五章向读者展示了弗洛姆对人类处境的分析，弗洛姆对关系的审视和建议，弗洛姆提出的人本主义精神分析治疗取向，以及弗洛姆对社会的探究和批判。最后两章（第六章和第七章）分析了弗洛姆为相关学科的知识建构以及 21 世纪社会文化的发展做出的贡献。

　　这样的结构安排意味着，将本书从头读到尾，读者就可以全面了解弗洛姆所有这些方面的思想。如果读者只对某一特定领域（如心理治疗或关系）感兴趣，那么可以直接阅读论述心理治疗和关系主题的特定章节。

　　弗洛姆是一位影响广泛且深远的作家、精神分析学家、社会评论家和政治活动家。他试图将人类存在的众多不同部分及矛盾之处纳入关于个性、爱和团结的人本主义要旨之中，这种尝试无论是从范围还是从适用性来看都是独一无二的。弗洛姆对现状的批判一针见血，但他似乎从未丧失乐观的精神。在作品中，弗洛姆提出了一种强烈的个人呼吁：只要我们去思考、反省和分析，就有可能让事情变得更好。在弗洛姆对建立更好的人际关系和社会变革的呼吁中，这种人本主义要旨得到了强化。试图获得洞察力和智慧的读者将从弗洛姆的作品中收获良多。我希望，本书能够促进学者们就弗洛姆的思想继续展开讨论，包括对弗洛姆的思想在未来的传承和发展进行探究。

致　谢

在创作本书的过程中，很多人都曾给我帮助和建议。

我首先要感谢本书所属丛书的主编史蒂文斯（Richard Stevens）博士，感谢他给我提供的极其宝贵又富有洞察力的指导，感谢他对我的全力支持，以及在整个创作过程中的积极陪伴。

我还要感谢埃里克·弗洛姆庄园和埃里克·弗洛姆档案馆（Erich Fromm Estate and Erich Fromm Archive，位于德国蒂宾根）的遗稿保管人芬克（Rainer Funk）博士，感谢他花时间给我提供关于弗洛姆的资源和第一手资料。另外，我还要感谢麦克米伦出版社的两位编辑——博克塞尔（Anna van Boxel）和沙马（Neha Shama）以及审稿编辑坦（Shirley Tan）的支持和建议，感谢姐姐苏珊（Susanne）在德国给予我的实质性支持，感谢艾利森（Alison）、克里斯蒂娜（Christine）、珍妮特（Janet）、肯（Ken）和玛格丽特（Marguerite）对本书初稿颇具见解的评论。还有很多朋友也以各种方式给予我支持——感谢你们！

如果没有我的丈夫诺里斯（Norris）、我的女儿罗莎娜（Rosanna）和克拉拉（Clara）一直以来的耐心、鼓励，以及给予我精神上和实质上的支持，本书不可能完成。我将本书献给他们，也以此书纪念我的母亲，她在生活中表现出的人本主义态度给了我很大的启发。

第一章 弗洛姆其人

20世纪60年代，弗洛姆（Erich Fromm）在美国和墨西哥的名气达到鼎盛之时，他每个月都能收到大约30份请他做讲座和参加论坛的邀请。① 这些讲座和论坛吸引了大量的听众。例如，在芝加哥大学举办的活动，有2000名学生参加，而在墨西哥城举办的活动，参加的听众更是超过3000人。弗洛姆的一些著作成了国际畅销书，而且被翻译成世界上大多数重要的语言。很多学术领域和治疗领域（包括心理学和精神分析）都将弗洛姆视为领军人物。弗洛姆还是一位受人尊重的从教育到核裁军等一系列社会和政治问题的发言人。

他的思想引起全世界成百上千万民众的共鸣，在盛名之时受到近乎膜拜的礼遇。他到底是一个怎样的人？

---

① 本章用到的大多数人物资料引自：

Funk, R. (2000). *Erich Fromm*: *His Life and Ideas*［An Illustrated Biography］. New York: Continuum International Publishing.

Funk, R. (2001). *Erich Fromm*: *Mit Selbstzeugnissen und Bilddokumenten*［Roroto Bildmonographie］. Reinbek: Rowohlt Taschenbuch Verlag.

为了避免文中出现过多的注释和参考文献，我不会在每次引用这两本书的内容时都加以注释（除非是直接引用）。其他资料来源也将明确地标在脚注中。在本书里，我经常提到弗洛姆的作品。有些地方，我会在括号内注明首次出版的时间和书名。将此译回英文的译本都是我翻译的。

弗洛姆在他 80 年（1900—1980）富有创造力的一生中，曾经历 20 世纪一些重大的政治、经济和文化方面的剧变。在他的作品中，我们可以看到传统犹太教养方式在德国的影响，以及第一次世界大战、纳粹德国、第二次世界大战和"冷战"在美国和墨西哥所产生的影响的痕迹。尤其是在晚年，弗洛姆重新建立了与欧洲的联系，并定居瑞士。弗洛姆最大的贡献在于他对他那个时代影响深远的社会变革进行了分析，并将这些分析与他关于人类处境的观点联系在一起。弗洛姆试图将不同学科领域的重要观点结合在一起，这种颇具创造性的尝试使他成为 20 世纪最重要的思想家之一，而且就像我们在本书后面章节将看到的，他的这种尝试还为当前的讨论提供了许多高度相关且振奋人心的主题。

本章将重点阐释弗洛姆生活和工作中的几个主题，并简要介绍弗洛姆与精神分析领域、社会学领域一些重要人物的关联，以此表明他的理论与当时各种思想和发展的丰富结构是相适应的。

弗洛姆是一位人类处境的探索者。他提出了一些关于我们如何才能过上一种有意义生活的根本性问题，如我们怎样才能发展出爱的关系？怎样才能构建一个允许我们实现自身潜能的社会？这使他走上了一条独特而又宽广的分析之路，其中包括对宗教、哲学、社会学、精神分析和政治的研究。他试图探索不同因素对我们生活产生的影响。为了弄清楚这些影响，他还试图将不同的思维框架结合到一起。在他看来，找到这些问题的答案要比人为地维持不同学科之间的界限重要得多。

弗洛姆坚定地坚持**自主**（autonomy）与**个性**（individuality）。虽然他探索了宗教与哲学中不同思维传统的人本主义要旨，并承认其重要性，但他从不会盲从任何的信条、惯例或教义。对他来说，重要的是他能够以何种方式来应对各种思想与传统，然后以新的、富有创造性的方式看待它们。从他的生活中，我们可以看到一个从不囿于任何学科或社会的"局外人"、一个不停追求真理与意义的人的故事。他的质疑思维使得他熟悉自己的思想，而且熟悉那些与他持共同观点者的思想，但同时也让他与主流社会及其结构之间保持一个临界距离。这一点也反映在他的愿望中，即他不想留下那些通常社会所认为的重要人物的象征物：他不让别人为他写传记①，也不想建坟墓。他的骨灰撒在了马焦雷湖（Lago Maggiore）中。

从个人的角度来说，弗洛姆钦佩那些真正致力于自身信念的人。我们可以从那些他称之为榜样的人身上看到这一点，也可以从他自己的生活方式中看到这一点。关注个人，正直诚实，并保持信念与实践之间的一致性，是弗洛姆身上表现非常明显的品质，在那些熟悉弗洛姆晚年生活的人眼中尤其如此。弗洛姆一直试图尽可能多地了解自己以及周围的世界。我们看到：一方面，他不断练习冥想、反省和自我分析；另一方面，他对当时社会关注的问题也有广泛的兴趣。弗洛姆与听众连接的能力，他将个人意义的要旨传达给自己、听众和读者的能力，毫无疑问促使他成为这样一位富有影响力又可信赖的思想家，接触他思想的人总是将其思想视为深信不疑的信念，而不是干巴巴的学问或空洞的口号。

童年与青少年时期：一个德国犹太人

1900 年 3 月 23 日，弗洛姆出生在德国法兰克福市一个犹

---

① Friedman, L. (2006). Recovering Erich Fromm's Life: Some Dilemmas and Preliminary Solutions. *Fromm Forum* 10/2006. Tübingen: International Erich Fromm Society, p.13.

3　太知识分子社区。弗洛姆的父亲生在一个上几代人都是学者和商人的家族，这可以追溯到他那非常受人尊重且相当有名气的曾祖父班伯格（Seligmann Bär Bamberger，德国南部的一位犹太学者）。家族史中关于班伯格有这样一项记载：他不得不经营一家小店来确保基本的生活，但每当有顾客进来，他都显得极不耐烦，因为这会干扰他研究犹太法典。这种重视学习而不怎么在意经济收入，同时将学习与有偿工作分割开来的现象，在弗洛姆自己成年后的生活模式中也不止一次地出现。弗洛姆设法让自己每天上午都在个人学习、分析和冥想中度过，只有下午才去从事有偿的工作。在 1974 年的一次采访中，他承认先祖的价值观对他的影响，他说他很难接受一个将主要目标——在他看来，这是一种奇怪的目标——确定为赚钱的世界。①

　　这里值得一提的另一项家族史记载是，弗洛姆小时候曾问他的一个叔叔，他觉得小弗洛姆长大后会成为一个什么样的人。这个叔叔的回答是"一个老犹太人"。在弗洛姆看来，叔叔这句话的意图是要扼杀他所有表现骄傲和雄心的倾向。不过，弗洛姆终身追求理解、意义、真理，终身寻求正直、诚实、真诚，而这种追求和寻求的根源很可能就在于他小时候的知识学习环境，从这个意义上来说，我们也可以将这句话看作是一个预言。这句话成了弗洛姆整个一生的指导原则——虽然形式上更为新颖，也更具创新性，但这些指导原则最终意味着要展望新的生活方式，而不是回顾犹太法典的传统。不过，弗洛姆从来都没有失去对丰富的犹太文化遗产及其故事、音乐的兴趣。顺便提一句，弗洛姆的名字在德语中的意思是"虔

---

① Funk, R. (Ed.). (1999). *Erich Fromm Gesamtausgabe Zwölf Bänden* (Band XI). Stuttgart: Deutsche Verlags-Anstalt, p.617.

诚的"。

　　弗洛姆是独子，因此家人对他寄予了很大的希望和期望。弗洛姆的母亲罗莎（Rosa）与娘家的关系非常密切（她的娘家是一个亲密无间的家庭），她总是喜欢说，弗洛姆身上所有好的特点都来源于她娘家这边，而弗洛姆身上那些不怎么好的特点则来源于他父亲家族。罗莎试图按照她自己的计划来规划弗洛姆的未来。例如，她试图把弗洛姆培养成像帕德雷夫斯基（Ignacy Jan Paderewski）——著名的波兰钢琴演奏家、政治家、总理那样的人。当让弗洛姆深恶痛绝的钢琴课终于结束时，弗洛姆说他感觉如释重负，而弗洛姆自己的愿望——拉小提琴——却从来都没有实现过。很可能正是因为家人早年对弗洛姆的这些期望让弗洛姆承受了压力，促使弗洛姆在后来的生活中一直追求自由和自主。

　　总体看来，弗洛姆家中似乎充满了紧张的氛围。弗洛姆说他的母亲（一个全职家庭主妇）是一个"抑郁、自恋且占有欲很强"[①]的人，虽然也有证据表明她喜欢庆祝活动和欢乐的家庭聚会。[②]弗洛姆的父亲是一个酒商，在有关弗洛姆幸福的问题上似乎特别神经过敏和焦虑。例如，他曾陪着弗洛姆一起到海德堡参加博士学位考试的口试，以防弗洛姆考不好而选择自杀。不过，弗洛姆觉得父亲从来都没有真正关心过作为一个独立个体的他，尤其是在他长大后。弗洛姆的父母对他们唯一的孩子的这种焦虑、担心又过度保护的态度，也是弗洛姆想到遥远的立陶宛去学习犹太法典的愿望从来都没有实现的原因之一。

4

[①]　Funk, R. (2000). *Erich Fromm*: *His Life and Ideas* ﹝An Illustrated Biography﹞. New York: Continuum International Publishing, p.21.

[②]　Friedman, L. (2006). Recovering Erich Fromm's Life: Some Dilemmas and Preliminary Solutions. *Fromm Forum* 10/2006. Tübingen: International Erich Fromm Society, p.15.

对年幼的弗洛姆正在发展的同一性产生重要影响的人是苏斯曼（Oswald Sussman）。苏斯曼是加利西亚犹太人，是弗洛姆家酒店里的雇员，曾在弗洛姆家住了两年。苏斯曼是"一个非常诚实、勇敢且无比正直的人"。[①] 弗洛姆常常表达对苏斯曼的感谢和感激之情，感谢苏斯曼让他对教育产生了兴趣，感谢苏斯曼唤醒了他对政治的好奇之心，感谢苏斯曼向他介绍社会主义思想。对于一个在人人共持一种特定世界观且联系紧密的传统社区中长大的弗洛姆来说，这些新观念就像是打开了一扇窗户，让他看到了一个令人振奋的新世界。第一次世界大战爆发后，苏斯曼应征入伍，当时年仅 14 岁的弗洛姆必定觉得，这对他个人来说是一种深切的损失。

弗洛姆对同一性的追寻在他关于青春期的自我评价中得到了很好的印证。

> 在此期间，我受到的影响同其他年轻德国人是一样的，但我必须以我自己的方式来应对这些影响。这不仅是因为作为一个在德国的犹太人，我们每个人都要一直保持独一无二的地位，而且因为我在我生活的现实世界及传统的旧世界中都感到不自在。[②]

这意味着弗洛姆早就觉察到了不同的价值观和生活方式。有关局外人、没有归属感、异化的主题在弗洛姆整个一生中都起着重要的作用。

小弗洛姆上了法兰克福的一所学校，这是他家附近的一

① Funk, R. (2000). *Erich Fromm: His Life and Ideas*［An Illustrated Biography］. New York: Continuum International Publishing, p.20.

② Erich Fromm, 1977 TV interview, cited in Funk, R. (2000). *Erich Fromm: His Life and Ideas*［An Illustrated Biography］. New York: Continuum International Publishing, p.10.

所男校，其中犹太学生所占的比例相当高。1918年的期末考试，弗洛姆取得了优异的成绩。弗洛姆关于学校生活的记忆都是一些与第一次世界大战有关的事件。弗洛姆认为，这对他的个人发展产生了重大影响。弗洛姆说，当目睹各种被夸大的民族主义的表现时，他会感到不安，而他认识的一些士兵的惨死，让他感到伤心难过。当时，英语课上发生的一件事让他将这些情绪压了下去：在第一次世界大战爆发之前，弗洛姆的英语老师教这些男孩子学唱英国国歌。第一次世界大战爆发之后，当英语老师要求这些男孩子唱英国国歌时，他们不愿唱，说这样做会违背他们的良心——他们这样做部分是出于调皮捣蛋，部分则是因为他们被激发起了反对英国的仇恨情绪。这位英语老师冷笑了一下，提醒这些男孩子不应该心怀任何幻想：英国从未输过任何一场战争。这位老师的冷静态度和对形势的理性评估，截断了当时德国主流社会盛行的民族主义情绪和自恋情绪的非理性浪潮，深深地触动了弗洛姆。

他开始反躬自问：这怎么可能？——这是他从来都不厌倦去探索的一个问题。

> 人们怎么可能在战壕里坚守几年，并像动物那样生活——这样做是为了什么？人类行为的非理性就是这样给我留下了深刻的印象，于是我开始对这个问题感到好奇。①

这个例子说明，青少年时期的弗洛姆渴望获得的理解、理性和自主性，后来在成年的弗洛姆的思想和作品中成了指导性

---

① Evans, R. I. (1981). *Dialogue with Erich Fromm*. New York: Praeger Publisher, p.57 (Originally published in 1966, New York: Harper & Row).

的主题。50 年后，弗洛姆在系统阐释自己有关核威胁的想法及可能的解决办法时，直接回到了"这怎么可能"的问题。弗洛姆将"追求理解人们开战的政治原因和心理原因"描述为他整个一生当中思维的主要线索。①

在弗洛姆的青少年时期，在犹太神秘主义者拉比② 诺贝尔（Nehemia Anton Nobel，一位非常有感召力的传教士，在弗洛姆圈子中的一些年轻人看来，诺贝尔是一位非常重要的人物）的教导下，弗洛姆逐渐对《旧约》先知产生了兴趣。弗洛姆对解释弥赛亚先知的一些关键方面尤其感兴趣。在更为成熟的作品中，弗洛姆将他们的主要特征总结如下：

> 那些宣扬并实践这些观点的人，我们可以称之为先知。《旧约》先知宣扬这样一种观点，即人必须找到自身存在的答案，这个答案就是理性与爱的发展。先知教导说，谦逊与公正以及爱与理性有着不可分割的联系。③

这些先知还描述了有关弥赛亚时期及和平时期的愿景，宣扬统一和疗愈是人与人以及人与自然之间一种新的和谐。不过，虽然这些先知宣扬的是非现实世界的和谐，但弗洛姆看到，先知的要旨与人类的存在高度相关。弗洛姆宣称，如果我们意识到消极的处境并改变我们的行为方式，那么我们就可以通过实现人类的潜能来获得这种和谐。④

---

① Funk, R. (Ed.). (1999). *Erich Fromm Gesamtausgabe Zwölf Bänden* (Band XI). Stuttgart: Deutsche Verlags-Anstalt, p.618.

② 拉比（rabbi）：先生、老师之意。——译者注

③ Funk, R. (2000). *Erich Fromm*: *His Life and Ideas* [An Illustrated Biography]. New York: Continuum International Publishing, p.37.

④ Fromm, E. (1999). *Erich Fromm GA VI Religion*, pp.80–81 (1975, Die Aktualität der prophetischen Schriften, radio talk).

弗洛姆从犹太知识分子，如拉宾科（Salman Baruch Rabinkow）——弗洛姆后来曾跟随拉宾科学习——那里获得的根深蒂固的人本主义要旨开始与较为狭隘的犹太复国主义解释出现了冲突，而且冲突日益增多。在参与了一些犹太复国主义青年组织的活动后，弗洛姆放弃了所有的犹太民族主义理想。事实上，弗洛姆后来曾为巴勒斯坦人的权利而积极战斗。

弗洛姆拥有犹太/德国的传统，而且慢慢接触到了不同的思想。从弗洛姆的经历，我们可以看到，年轻的弗洛姆试图探究传统，并提出了自己的观点。从早年起，弗洛姆就很尊重那些按照自己的信念生活的人，后来，"按照自己的信念生活"也成了弗洛姆自己的追求。

更深更广的追求：精神分析与社会学

成年早期的弗洛姆进一步在传统知识体系与更为现代的知识体系中寻找理解和意义。1918 年，弗洛姆在法兰克福大学学习了法律，在此期间，他还到免费的犹太教学机构（Freies Jüdisches Lehrhaus，一个针对成年人的犹太教育中心）学习。1919 年，弗洛姆进入海德堡大学学习，这为他打开了接触许多新影响的大门（虽然他还继续学习犹太法典）。他的老师是非常受人尊重的拉宾科。弗洛姆说："他对我人生的影响超过所有其他人，很可能……谁跟他在一起都绝不会觉得自己是一个局外人，甚至在第一次见面时亦如此。"[1] 弗洛姆开始对佛教产生了兴趣，后来还痴迷于佛教。佛教通常不依赖于人格化上帝或特定宗教习俗的观念，因此与弗洛姆早年接触的正统犹太教

---

[1]　Funk, R. (2000). *Erich Fromm: His Life and Ideas* [An Illustrated Biography]. New York: Continuum International Publishing, p.54.

完全不同。

后来，弗洛姆改学社会学和经济学，1922 年在韦伯（Alfred Weber）的指导下完成了博士学位论文。弗洛姆的论文题目是"犹太法在维持三个犹太人离散社区的社会凝聚力中的作用"（The function of Jewish law in maintaining social cohesion in three Diaspora communities）。[1] 他分析了一个共同的信念体系是怎样将犹太社区团结到一起，同时将它们与更为广泛的非犹太环境区分开来的。在这里，我们可以清楚地看到弗洛姆开始对**社会性格**（social character）感兴趣——社会性格指的是社会组织与个体心理过程之间的交互影响。本书第二章和第五章将更深入地探讨这些观点。

在此期间，弗洛姆主要学习了亚里士多德（Aristotle）、斯宾诺莎（Baruch de Spinoza）和马克思（Karl Marx）的哲学研究作品。他们的作品之所以吸引弗洛姆，是因为他们提出了实用主义的伦理观，将人视为其行为会产生实际后果的**社会存在**（social beings）。他们的哲学思想解决了具体的问题：如何过上美好的生活？如何组织社会才能让人们过上美好的生活？这一道德维度为弗洛姆铺平了道路，让他对人类处境以及他自己作为一个受人尊敬的社会评论者（他对当时迫切需要解决的问题产生了真正的兴趣）的角色产生了广泛的兴趣，并对此进行了多样化的分析。

在弗洛姆成年后的生活中，"与精神分析和社会学的相遇"起了决定性的作用。正如我们在本书后面章节将要看到的，不同学术圈成员之间的结盟与分歧对弗洛姆的人生方向产生了重大影响。

---

[1] Funk, R. (2000). *Erich Fromm*: *His Life and Ideas*［An Illustrated Biography］. New York: Continuum International Publishing, p.55.

在海德堡大学期间，弗洛姆受弗洛伊德（Sigmund Freud）精神分析作品的强烈影响。虽然弗洛姆从未见过弗洛伊德，但弗洛伊德的观点对弗洛姆的思想产生了深远的影响。

弗洛伊德的主要观点在他那个时代往往被视为革命性的观点，挑战了当时人们的信念，即人是自我决定的理性存在。弗洛伊德关于人的复杂模型的一个方面是，他认为人是追求享乐的存在，人要让自己的本能需要即刻得到满足。在儿童身上，我们可以清楚地看到，儿童想要立刻得到想获得的某些东西，但是，这些要求与以父母教养的形式体现出来的社会规范的压力产生了冲突。弗洛伊德提出，任何由于这些反向压力而产生的未解决的冲突，都会被压至人的潜意识中，它们会对人的思想、情感、行为产生决定性的影响，重要的是，它们还会影响人们的幸福。被压抑的冲突有可能会导致生理和心理方面的疾病。只有通过受过训练的精神分析学家的解释和干预，才有可能治愈这些疾病，精神分析学家的解释和干预会让我们意识到这样的模式，并使我们能够消除这些压抑所可能产生的破坏性影响。①

在精神分析领域，弗洛姆最初受到的影响主要来自赖希曼（Frieda Reichmann，一位比弗洛姆年长 11 岁的犹太精神病学家）。她是弗洛姆的第一位分析师，不过在他们建立起良好的恋人关系时，弗洛姆换到了其他从业者那里接受分析。弗洛姆是通过金斯伯格（Golde Ginsburg）认识赖希曼的，金斯伯格曾是弗洛姆的未婚妻，但维持时间不长［金斯伯格最终嫁给了弗洛姆的朋友洛文塔尔（Leo Löwenthal）］。1924 年，赖希

8

---

① "心灵塑造者：心理学大师及其影响"系列中的《西格蒙德·弗洛伊德：潜意识的探索者》介绍并讨论了弗洛伊德的基本假设。Stevens, R. (2008). *Sigmund Freud: Shaper of the Unconsious Mind*. Basingstoke: Palgrave Macmillan.

曼和弗洛姆在海德堡建立了治疗中心。这个住院式治疗中心是按照正统的犹太人生活运转的，反映了他们所尊重的生活方式（如日常饮食方面）。他们治疗患者的取向以弗洛伊德有关压抑的观点为基础。治疗并不仅限于患者。一开始，他们采取了一种类似于以货易货的方式，甚至对家政工作者也进行分析，以回报他们的工作。

1926年，弗洛姆与赖希曼结婚，不过，这对夫妻在一起仅生活几年便分开了。从精神分析的视角，我们可以认为，弗洛姆对赖希曼的兴趣反映了他与母亲之间相当紧张的关系中未解决的问题，因为赖希曼的年龄比弗洛姆大，而且赖希曼一开始是弗洛姆的分析师，所以处于权威者的地位。不过，也有可能是这样的：他们一开始是分析师与患者的关系，他们都对弗洛伊德的潜意识观点很感兴趣，他们在德国经济极不稳定的恶性通货膨胀环境中一起建立了一个新的治疗中心。有可能是这些让人晕头转向的因素混合在一起，才让他们走到一起的。

大约在结婚前后，赖希曼和弗洛姆都放弃了正统的犹太教，他们开始将正统犹太教的仪式看成是潜意识冲突的表现，而不认为它们本身就有意义。在努力让信念与行动和谐一致的过程中，他们发现，正统的实践活动已成为毫无意义的仪式，已不再能站得住脚——他们开始在逾越节吃发酵面包。1928年，他们建立的治疗中心停止运营。

另一个对弗洛姆的精神分析取向产生重要影响的是果代克（Georg Groddeck）。果代克是一位医生和精神分析学家，他在德国巴登-巴登（Baden-Baden）开了一家疗养院。赖希曼和弗洛姆都与他有频繁、友好的接触。果代克能够非常敏锐地洞察生理症状及其与心理基础之间的关系，因此非常受人尊重。弗洛姆很看重他，认为他是一个非常仁慈、正直的人。弗洛姆

1931 年感染了肺结核，后来需要到瑞士的达沃斯治疗，果代克向弗洛姆提出了极具挑战性的建议。果代克说，弗洛姆之所以感染肺结核，与他无力承认他同赖希曼的婚姻已经失败有关。巧的是，一种关于肺结核致病原因的精神分析观点也是弗洛姆1928 年所做的一场讲座的主题。弗洛姆与赖希曼分居了，不过他们一直到 1940 年才离婚，而且一生都是朋友。弗洛姆的肺病最终被治愈了，治愈他肺病的是医疗干预，而不是心理干预。

9

弗洛姆进一步学习了精神分析。弗洛姆曾在慕尼黑和法兰克福接受不同分析学家的分析。1928 年，弗洛姆到柏林精神分析学会接受分析。1930 年，弗洛姆在柏林精神分析学会开始了精神分析实践。柏林精神分析学会还提供大量由一些著名分析学家主持的研讨会和讲座——其中包括霍妮（Karen Horney）和赖希（Wilhelm Reich）。这为批判性地讨论弗洛伊德的一些观点提供了平台。

赖希试图将精神分析与马克思主义结合到一起，这对弗洛姆产生了重大的影响。不过，弗洛姆的观点只有一部分与赖希的观点相同，因为赖希赞同弗洛伊德的观点，也非常强调潜意识性驱力的作用，而弗洛姆则认为潜意识性驱力其实并没有那么重要。

霍妮批评了弗洛伊德关于性心理发展［即俄狄浦斯冲突（Oedipus conflict）和父亲对孩子情绪发展的主导性影响］的观点，弗洛姆与霍妮一样，也对弗洛伊德的这些观点持批评态度。

弗洛伊德提出，性驱力（erotic drive）从出生开始就一直存在于人们身上。随着人们逐渐成熟，性驱力聚集的焦点会转移至不同的身体部位。最初，对婴儿来说，口欲满足特别重要。弗洛伊德认为，婴儿从吮吸和啃咬中获得快乐。接下来的阶段，肛门被认为是获得快乐的区域。孩子认识到，他／她能够控制自己在何时何地排便。如厕训练成了父母对大小便训练的要求和孩子希望自己"想什么时候排便就什么时候排便"的愿望之间冲突的一个潜在根源。再接下来的阶段，弗洛伊德提出，男孩和女孩会出现不同的发展路径，因为获得快乐的区域转移到了生殖器。弗洛伊德宣称，小男孩通常会体验到俄狄浦斯冲突。弗洛伊德认为，小男孩会对自己的母亲产生带有性欲色彩的情感，而将自己的父亲视为竞争对手。他觉得父亲比他更为强大，因此会怕父亲（尤其是担心如果父亲发现的话，有可能会将他阉割），为了解决这个问题，他让自己认同于父亲，并努力让自己变得像父亲一样。关于小女孩的发展，弗洛伊德并没有提出同样具体的观点，但他宣称，小女孩在这个阶段会注意到自己没有阴茎，她害怕自己已经被阉割了，并产生阴茎妒羡（penis envy）的感觉。在经历性驱力不那么显著的潜伏期之后，性心理的发展在青春期宣告结束，此时，年轻人往往会对异性产生一种带有性欲色彩的兴趣。不过，弗洛伊德提出，处理早期冲突的方式有可能会对我们的人格产生持久的影响，而且我们可能会固着于某一个特定的阶段。例如，接受过严格如厕训练的孩子最终可能会变成一个热衷于将一切都牢牢抓在手里的痛苦不堪的成年人。

弗洛姆认为，弗洛伊德的观点——尤其是他关于俄狄浦斯冲突的观点——反映了他全神贯注于父权社会，而忽略了母亲影响的重要性。瑞士人类学家巴霍芬（Johann Jakob Bachofen）也讲到了这一点。巴霍芬提出，历史上后来发展而来的父权社会特别看重法律和国家原则，但在此之前的史前母系氏族社会则强调自然的关系。这种社会结构也会反映在个体身上，即个体身上表现出的母性倾向和父性倾向，母性倾向通常强调家庭关系，而父性倾向主要关注的则是责任。弗洛姆觉得巴霍芬的观点比弗洛伊德的观点更能帮助他，并指出，在社会中以及在个体身上，母性原则和父性原则同样都很重要。考虑到弗洛姆与他父母的关系，他会对巴霍芬的分析产生兴趣也就不足为奇了。

我们还可以看到弗洛姆与法兰克福社会研究所（Frankfurt Institute for Social Research）精神分析部之间的诸多关联。洛文塔尔是研究所主任，他跟弗洛姆、霍克海默（Max Horkheimer）都是朋友，并介绍两人相互认识。弗洛姆在法兰克福社会研究所的工作让他有机会深入系统地阐述有关社会心理学的**大理论**（grand theory），一方面涉及马克思主义社会学，另一方面涉及弗洛伊德的精神分析。最终，弗洛姆接受了担任社会心理学部门领导的终身合同。在此期间，弗洛姆的主要研究成果是对莱茵兰地区工人的生活方式、态度及政治行为进行了现场调查研究，探索了在这些地区发挥"社会水泥"功能的心理过程与文化过程。弗洛姆提出的有关工会与政党等级结构产生影响的观点，是法兰克福社会研究所研究**权威性格**（authoritarian character）的主要动力。弗洛姆对社会结构与个人性格之间的相互影响产生了兴趣，试图解释为什么有些工人会被集权主义和法西斯主义吸引。[①] 本书第五章将深入探索这一研究。

在德国法西斯主义日渐升温的背景下，这类研究遇到越来越大的政治压力，这一点不足为奇。于是，1932 年，法兰克福社会研究所搬到了瑞士，并最终于 1934 年再次搬到纽约的哥伦比亚大学。法兰克福社会研究所第一批成员大多也都跟了去。

11

---

① Fromm, E. (1980). *Arbeiter und Angestellte am Vorabend des Dritten Reiches: Eine sozialpsychologische Untersuchung.* Stuttgart: Deutsche Verlags-Anstalt (Original publication: German Workers 1929: A Survey, its Methods and Results).

新大陆，新视界：在美国的岁月

1933 年，弗洛姆接受霍妮的邀请，到美国担任客座讲师。霍妮已于 1932 年移民至芝加哥，并在那里的精神分析研究所工作。霍妮成了弗洛姆的知己，后来常常陪着弗洛姆一起到各地去寻找有利的条件来治疗他的肺病。由于身体原因，弗洛姆继续在瑞士待了一段时间。1934 年，弗洛姆跟着一群犹太知识分子及其他人一起移民美国，这些犹太知识分子反对纳粹统治，因此他们在德国的生活已变得愈加危险。

弗洛姆觉得希特勒（Adolf Hitler）将会发起战争，于是催促母亲（他的父亲已于 1933 年去世）跟他一起到美国生活。弗洛姆的母亲最终听了弗洛姆的建议，先于 1939 年搬到英国，然后于 1941 年到了纽约。弗洛姆的母亲之所以没能早点搬到美国跟弗洛姆一起生活，其中一个原因是经济方面的。任何申请移民美国的人都必须提供经济担保证明。弗洛姆很努力地为母亲提供经济担保证明，但还是缺 500 美元，于是他开口向霍克海默借，让他从法兰克福社会研究所经费中借给他 500 美元。虽然弗洛姆的母亲最终移民成功，但霍克海默当时拒绝了他。弗洛姆的母亲在纽约过着相当独立的生活，与其他移民有密切接触。1959 年，她在纽约去世，享年 83 岁。

弗洛姆之所以与法兰克福社会研究所疏远并最终与其分道扬镳，原因有很多。在弗洛姆母亲移民的事情上，霍克海默的拒绝让弗洛姆感到失望，这可能是原因之一。弗洛姆疾病的复发也可能是一个原因。学术观点和个人方面出现的进一步分歧也起了一定的作用。

从 20 世纪 30 年代中期开始，弗洛姆就开始质疑弗洛伊德有关性驱力的观点。弗洛伊德认为，性本能在激发人的行为过程中发挥了特别重要的作用。由于社会要求抑制这样的本能冲动，于是人的欲望被压抑下去，但依然在潜意识水平积极活动，结果产生了心理冲突。弗洛姆提出，弗洛伊德的理论是对他生活的那个以父权制形式组织起来的且性压抑的社会背景的反思。这些理论不是从一般意义上提供有关人性的"真理"，它们本身就是特定的社会文化环境的产物。弗洛姆的这个观点削弱了这些理论宣称的普遍性，并质疑了它们在其他社会背景中的合理性。弗洛姆不再关注性本能，不再将性本能视为人的驱动力，而强调一些关于存在的问题。在他看来，我们的自我意识，我们在想到自己终将死亡时产生的孤独感，以及我们想与社会中其他人建立关联的需要，才是我们需要关注的关键问题，这些问题会对我们的心理发展产生重要影响。本书第二章将较为详细地探讨这一点。

12

　　弗洛姆的人本主义社会精神分析取向本质上是一种整合性的取向，它与一些正统观点相冲突。弗洛姆将自己的精神分析观与社会学结合到一起的做法，遭到很多人的怀疑。社会学家阿多诺（Theodor Adorno）在法兰克福社会研究所越来越占据主导地位，而他和弗洛姆似乎并不喜欢对方。霍克海默与弗洛姆之间也出现了重大分歧（在弗洛姆看来，霍克海默在很大程度上受到阿多诺的影响）。他们之间一个严重争议的话题是心理学在社会科学中的地位。弗洛姆经常引用霍克海默的观点，即"对社会科学而言，心理学无论如何都不那么重要"。[①] 他们之间的另一个分歧是关于弗洛伊德的性论——力比多理论。霍克海默不赞同弗洛姆和霍妮将弗洛伊德理论发展成为常识心理学

---

① Funk, R. (2000). *Erich Fromm*: *His Life and Ideas* ［An Illustrated Biography］. New York: Continuum International Publishing, p.98. 引自弗洛姆写给一位律师有关解除合同的协议。

的做法，并提出"没有力比多的心理学不是心理学"。[1] 这种谴责本身就相当有意思，因为它很可能在某种程度上解释了为什么弗洛姆的思想观点具有广泛的吸引力。有关精神分析力比多理论的详细阐释在非专业人士看来可能既枯燥又难懂，但弗洛姆将社会与个体结合到一起的取向具有常识的特点，甚至对于那些从未深入学习精神分析的人来说，弗洛姆的观点也是清晰、易懂、可理解的。因此，我们可以将霍克海默的批评看成是一种赞美（以及弗洛姆的著作畅销的原因之一）。

对于这个圈子中的另一个著名人物马尔库塞（Herbert Marcuse），弗洛姆虽然非常看重他的研究成果，但与他的关系很矛盾。他们之间的主要分歧在于，马尔库塞有关社会的分析似乎有助于将"退行追求婴儿期的快乐"视为理想之举。但弗洛姆则强调，我们要朝着与他人建立良好、成熟的关系发展，这一点很重要。[2] 不过，就像伯斯顿（Daniel Burston）[3] 所说，从这些争论的背后，我们可以看到弗洛伊德的追随者之间出现的一种象征性的手足之争，所有追随者都争着做弗洛伊德真正的继承人。

13　　　1939 年，阿多诺确立了在法兰克福社会研究所的永久性位置，与此同时，弗洛姆放弃了与法兰克福社会心理学部门签订的终身合同。弗洛姆有关德国工人的现场调查研究，霍克海默没有继续进行，也没有发表相关的研究结果。直到 1980 年，

---

[1] Funk, R. (2000). *Erich Fromm: His Life and Ideas* [An Illustrated Biography]. New York: Continuum International Publishing, p.99. 引自霍克海默于 1942 年 10 月 31 日写给洛文塔尔的一封信。

[2] Fromm, E. (1999). *GA XI Psychoanalyse und Kunts des Lebens, Schriften aus dem Nachlass* (1969, Infantilization and Dispair Maskerading as Radicalism, German version translated by R. Funk), pp.97–111.

[3] Burston, D. (1991). *The Legacy of Erich Fromm.* Cambridge (Mass.) and London: Harvard University Press, pp.226–227.

即弗洛姆去世的那一年，人们重新对这项研究产生了兴趣，这项研究的结果才得以在德国发表。①

最后，弗洛姆与他人生中的另一个重要人物——霍妮之间也出现了越来越深的裂痕。从专业上讲，他们俩是极具影响力的圈子中的成员。一个有影响力的圈子包括很多对跨文化研究感兴趣的社会学家［如米德（Margaret Mead）、本尼迪克特（Ruth Benedict）］，这为弗洛姆系统阐释心理与社会之间的关系提供了重要素材。另一个有影响力的圈子是一群对人本主义原则持有坚定的共同信念的精神分析学家。其中有一位特别重要的人物影响了弗洛姆的治疗取向，他就是美国的沙利文（Harry Stack Sullivan）。

沙利文研究治疗精神分裂症的新方法，其研究的基础就是承认人际关系的重要性以及人际关系对心理健康的影响。沙利文对于精神分析学家或医生成为一名客观公正的观察者观察患者的能力表示怀疑，他提倡通过温暖、移情来理解他人。这是一种极具人本主义色彩的取向，与弗洛姆对于关系和治疗的看法产生了共鸣，但与弗洛伊德对精神分析学家的看法截然相反。在弗洛伊德看来，精神分析学家在治疗过程中要与患者保持较远的距离，而且不要提供太多指导。

1941年，霍妮——联合其他精神分析学家——创建了精神分析促进协会（Association for the Advancement of Psychoanalysis）。弗洛姆有在那里举办临时的临床研讨会的权利。1943年，弗洛姆试图获得正式会员资格，但结果证明，这很难实现，因为其他会员都是有行医资格的医生。如果精神分析促进协会接受了弗洛姆的会员申请，就会为其他没有行医资

① Fromm, E. (1980). *Arbeiter und Angestellte am Vorabend des Dritten Reiches: Eine sozialpsychologische Untersuchung.* Stuttgart: Deutsche Verlags-Anstalt.

格的人开了先例——而这很可能会影响精神分析促进协会的地位。不过，这里面可能也有个人方面的原因。霍妮反对让弗洛姆成为正式会员。他们以前的亲密关系已经变得越来越冷淡。之前，霍妮曾建议弗洛姆为她刚刚完成医学专业学习的女儿玛丽安娜（Marianne）提供精神分析方面的训练，而这对母女之间的冲突越来越激烈，霍妮把这归咎为弗洛姆的分析所致。

弗洛姆申请精神分析促进协会的正式会员遭到拒绝之后，一些人离开了精神分析促进协会，以示抗议，他们当中有一些人——和弗洛姆一起——在1943年创建了华盛顿精神病学校纽约分校［New York branch of the Washington School of Psychiatry，后来改名为威廉·阿兰森·怀特精神病学、精神分析和心理学研究所（William Alanson White Institute of Psychiatry, Psychoanalysis and Psychology）］的过程中发挥了重要作用。威廉·阿兰森·怀特精神病学、精神分析和心理学研究所开设了广泛的课程，给精神病学家、心理学家，还有其他的健康专业人士提供精神分析原则及一般社会科学方面的培训——这对弗洛姆来说是一个可以将他的广泛兴趣结合到一起的理想机会。虽然弗洛姆于1950年搬去了墨西哥，但他还是会经常回到研究所参加年度讲座和研讨会。

从1939年开始，弗洛姆就开始用英语撰写和发表他的研究成果。1940年，弗洛姆加入美国国籍，甚至后来回到了欧洲，他依然保持其美国公民的身份。总的来说，在20世纪40年代，弗洛姆从事了一系列活动：从给患者做精神分析，到去一些学院做讲座和参加研讨会，如担任哥伦比亚大学的客座讲师，与位于佛蒙特的本宁顿学院签订教学合同（1942—1953）等。这也将弗洛姆打造成了一名重要的作家。弗洛姆早期撰写的文章包括精神分析、马克思主义等主题，发表于《社会研究杂志》(*Zeitschrift für Sozialforschung*，该杂志附属于法兰克福社会研究所)。

1941年，弗洛姆的第一本著作——《逃避自由》(*Escape from Freedom*)在美国出版 [1942年，英国出版该书，书名是《害怕自由》(*The Fear of Freedom*[①])]，该书阐明了弗洛姆关于人的观点。在这部原创性著作中，弗洛姆提出，人类陷入了一个难以解决又影响广泛的困境。我们一方面认为自己是自由的个体，另一方面又害怕孤独。这就会让我们卷入与他人的社会联系之中(其中包括卷入法西斯集团和独裁集团的内在危险)，以逃避——用弗洛姆的话来说——我们自身的异化感。

> 现代社会结构同时对人产生两个方面的影响：一方面使人变得更加独立自主，更具批判性；另一方面使人变得更为异化、孤独和恐惧。对整个自由问题的理解正是取决于这种从两个方面看待现代社会结构的影响过程的能力。[②]

弗洛姆在第二本著作《为自己的人》(*Man for Himself*, 1947)中也提到了这一点。在该书中，弗洛姆在弗洛伊德的人格理论的基础上，提出了有关社会性格及各种不同性格取向的观点。在观察当时社会的基础上，弗洛姆提出，**市场取向**(marketing orientation)已经成为当时社会主要的性格特征。也就是说，在现代资本主义社会，人们常常根据什么东西最畅销

[①]　美国和英国在出版该书时对书名的调整很有趣，值得一提：美国的书名中有"逃避"(escape)一词，似乎带有更为主动的意味，而英国的书名中包含"害怕"(fear)一词，则表明一种更为谨慎、被动的态度。

[②]　Fromm, E. (2001). *The Fear of Freedom*. Abingdon: Routledge Classics, p.90.

15　来评价个体的人格，生活在现代资本主义社会中的人们也会以就业市场和人际关系中最高出价者的标准，将自己打造成可被其他人接受的人。弗洛姆认为，这些发展肤浅且危险，因为一旦市场成为价值观判断的标准，那么这些价值观就不再与更有意义的道德体系有关联。本书第二章探讨了弗洛姆的"性格取向"概念。第七章进一步思考了这个观点，分析了在 21 世纪可以采取哪些方式运用弗洛姆有关性格取向的系统阐述。

弗洛姆是自己的"预言家"吗？从墨西哥返回欧洲

对弗洛姆来说，20 世纪 40 年代这十年间，他的生活充满了各种个人发展与挑战。1944 年，弗洛姆娶了第二任妻子——同样流亡美国的德国裔犹太人亨尼（Henny Gurland）。亨尼身体不太好，患有类风湿性关节炎，这让她非常痛苦，她已经接受过好多次治疗，但都不成功。医生给弗洛姆夫妇的建议是，去位于墨西哥的约瑟夫纳疗养院（San José Purna），那里的放射科可以治好亨尼的病或者至少可以缓解她的痛苦。他们听从了医生的建议，于 1950 年搬到了墨西哥。但放射治疗似乎也没有太大的效果，1952 年亨尼去世，从此不再有痛苦。对弗洛姆来说，看着妻子承受如此长时间的痛苦，必定是一件极其困难的事情。很可能正是这样的经历，让弗洛姆的移情能力、性格力量，甚至是面对痛苦与折磨时依然热爱生活的能力有了进一步的发展——他在后来出版的作品，如《爱的艺术》(*The Art of Loving*)、《占有还是存在？》(*To Have or To Be?*) 中对这些主题进行了探索。弗洛姆没有亲生的子女，但一直像父亲一样照顾亨尼的儿子约瑟夫（Joseph）。

弗洛姆在墨西哥居住了很多年（1950—1973），在此期间，他依然积极履行跟美国一些大学签下的教学合同，其中包括耶鲁大学（特里宗教讲座）的一系列讲座。弗洛姆还担任密歇根州立大学的教授（1957—1961），并从1962年起，担任纽约大学的心理学副教授。

那么，弗洛姆为什么要一直待在墨西哥呢？我们知道弗洛姆搬去墨西哥的原因与他第二任妻子亨尼的身体健康状况有关。亨尼去世之后，在大家看来，回到美国从事全职的学术与治疗工作显然才是可取的选择，但墨西哥好像给弗洛姆提供了许多机会，使得他可以在那里教授精神分析原理，使得他有机会让那里的学生及从业者了解、讨论和发展精神分析，而不用担心来自正统学派的反对或来自个人的权力斗争。而弗洛姆在美国的教学往往更多局限于社会科学和政治科学，而不是精神分析。

16

还有一个个人的原因是弗洛姆的第三次婚姻。1953年，弗洛姆和来自亚拉巴马的寡妇安妮斯（Annis Freeman）结婚，安妮斯此时已在墨西哥定居。这对夫妻在墨西哥南面一座宜居的殖民城市库埃纳瓦卡（Cuernavaca）设计并建造了一栋房子，并于1956年搬到那里。这次搬迁在一定程度上减少了弗洛姆参与墨西哥精神分析活动的频率，但对他的创造性工作没有任何影响。弗洛姆在墨西哥的生活包括很多积极的方面：婚姻美满，个人幸福；建造了一栋漂亮的房子，有助于他创作；遇见了很多朋友并进行了广泛的交流。这时，弗洛姆开始用西班牙语写作。

还有一件事是，1956年，在一些从纽约到墨西哥开研讨会和讲座的同事的支持下，① 墨西哥成立了一个精神分析学会——

---

① 这些人包括汤普森（Clara Thompson）、陶伯（Edward S. Tauber）、施皮格尔（Rose Spiegel）、谢克特（David Schecter）等，本书第四章提到了他们描述的接受弗洛姆督导的经历。

墨西哥精神分析学会（Sociedad Mexicana de Psicoanálisis）。该学会的宗旨是在精神病学、心理学以及更一般意义上的医学中推进一种人本主义的精神分析取向，关注身体健康和身心关系。塞尔夫（Charlotte Selver）是其中的成员之一，弗洛姆的第二任妻子曾向他介绍过塞尔夫的感官意识（sensory awareness）取向。

　　弗洛姆对佛教的兴趣再次被唤醒。1957年，弗洛姆和当时已经86岁的日本禅学思想家铃木大拙（Daisetz Suzuki）联合开办了研讨会。在弗洛姆看来，一个特别精彩的内容是铃木大拙的冥想练习，这让他可以进行深度觉察，并可以以超越自我的方式参与到"此时此地"。铃木大拙实践着自己的宣扬之道，在弗洛姆看来，他获得了很多人的尊重。

　　1960年，弗洛姆确立了自己的精神分析训练，将其作为墨西哥国立自治大学（Universidad Nacional Autonóma de México）医学专业训练的一部分，从而确保了墨西哥精神分析学会与大学医学系之间的密切合作。精神分析训练包括一门介绍弗洛姆思想观点的理论课程，名为人本主义精神分析（humanistic psychoanalysis），还有一门关于墨西哥文化的社会心理现象的课程。后一门课程的基础是弗洛姆对一个墨西哥农庄的分析——弗洛姆试图研究社会经济因素与个体心理过程之间的密切关系。弗洛姆的学生麦科比（Michael Maccoby）为这项研究出了很大的力。本书第二章将介绍这项研究的一些方面。

17　　1963年，科皮尔科大学（Copilco University）新建了一栋专用建筑，墨西哥精神分析学会也改名为墨西哥精神分析研究所（Instituto Mexicano de Psicoanálisis）。该研究所不仅提供培训和教学，还提供治疗服务，甚至对那些无力支付美国及墨西哥等地方精神分析学家标定的高额治疗费用的患者开放。

个人生活的平衡也可能有助于弗洛姆将极其繁忙的专业工作安排到一起。有一次，为了准备一本关于弗洛姆的书，伊万斯（Richard Evans）对弗洛姆进行了一次采访。在这次采访中，伊万斯观察到，弗洛姆在描述他自己发展出来的治疗取向时，看起来最活跃，最有生气。弗洛姆强调，要保持实践性心理治疗与理论著作之间的平衡①，这使他能够站在既考虑理论问题又考虑实践问题的优势立场上提出观点，这在当时极为罕见，因为学术派与从业者之间存在制度性的分割。不过，值得一提的是，伊万斯的著作并没有得到弗洛姆的支持与认可。弗洛姆说，伊万斯的著作没有"对我的研究提出任何有益的见解"。②

在 20 世纪 50—60 年代，弗洛姆做了一些极具创造性的工作。在墨西哥的那些年月，弗洛姆与美国和欧洲的新兴资本主义经济保持了足够远的距离，从而能够更为深刻地批判资本主义社会中人们的堕落。弗洛姆又一次回到了"局外人"的主题。弗洛姆的取向通常富有成效且具有创造性，他以一种积极的方式阐述了这一主题。这给弗洛姆一个机会，弗洛姆可以超越那些熟悉的、显而易见的东西，对形势做出批判性分析，从而回到了人本主义的核心。弗洛姆去世之前，在回顾他的人生时说："你要像爱你自己一样地去爱局外人……一个人只有让他自己真正成为一个局外人，他才能完全理解局外人。但成为一个局外人，则意味着在世界上的任何地方都像是在家一样。"③

---

① Evans, R. (1981). *Dialogue with Erich Fromm.* New York: Praeger Publisher, p.121.

② Funk, R. (1994). Foreword (Translated by L. W. Garmer). In E. Fromm (1994). *The Art of Listening* (p.8). London: Constable.

③ Funk, R. (2001). *Erich Fromm: Mit Selbstzeugnissen und Bilddokumenten*〔Roroto Bildmonographie〕. Reinbek: Rowohlt Taschenbuch Verlag, p.137.

1955 年，弗洛姆出版著作《健全的社会》(*The Sane Society*)。在这本书中，弗洛姆分析了人本主义的共产主义社会主义 (humanistic communitarian socialism)。弗洛姆分析了在社会制度结构中固定采取一种健康性格取向的必要性，他认为这样的做法是对人类基本需要的共鸣。在弗洛姆看来，只试图"治愈"患者是远远不够的：只有从个体的整个生活状况入手，才有可能治愈患者。弗洛姆提出，要密切关注个体心理与制度实践和文化实践之间的相互依存性，建议创建一个更为健康的社会。《健全的社会》出版后不久，弗洛姆就加入了美国社会党。几年之后，弗洛姆退出了社会党，因为他觉得这个政党赋予其成员的政治权利与他的信念相差太远。[①]

弗洛姆接下来的另一本著作《爱的艺术》于 1956 年出版，该书后来成了国际畅销书。在这本重要的著作中，弗洛姆比较了毫无成效的爱（以自我中心的贪婪为基础的爱）与富有成效的爱（承认关系双方的个体性的爱）。弗洛姆的观点毫无疑问受到了他与安妮斯的美满婚姻生活体验的影响。弗洛姆与安妮斯之间一直都是一种充满爱的伙伴关系，而且弗洛姆非常看重安妮斯对他的研究工作的评价。这很可能是弗洛姆再也没有用德语写作，即使在他回到瑞士之后也没有用德语写作的原因之一。

弗洛姆不仅对资本主义社会及其对个体的影响提出了建设性的批评，而且还继续研究弗洛伊德和马克思的观点，并想方设法将他们的观点融入自己的思想取向。1959 年，弗洛姆出版了《西格蒙德·弗洛伊德的使命——人格与影响力分析》

18

---

① Fromm, E. (1999). *GA XI Psychoanalyse und Kunts des Lebens, Schriften aus dem Nachlass* (1969, Infantilization and Dispair Maskerading as Radicalism, German version translated by R. Funk), p.629.

（ *Sigmund Freud's Mission*：*An Analysis of his Personality and Influence* ），紧接着 1961 年，他又出版了《马克思论人》（ *Marx's Concept of Man* ）。

从 20 世纪 60 年代早期起，弗洛姆就开始积极地参与政治生活，撰写关于美国外交政策的文章和著作。例如，在 1962 年召开的莫斯科和平会议上，弗洛姆就表达了对核威胁问题的关注。弗洛姆支持单边裁军，并参加了反越战活动。他以多种形式参与政治活动，包括就东德、南斯拉夫、巴勒斯坦等地区的事务向一些有影响力的群体和人物 [其中包括教皇保罗六世（ Pope Paul VI ）、罗素（ Bertrand Russell ）] 请愿。弗洛姆越来越积极地参与政治活动，他的社会地位似乎也提高了。

弗洛姆不仅提供分析和见解，还试图将理论与生活结合到一起，这使他特别受正在寻找解决不公正问题之道的年轻一代的欢迎，希望、乐观、社会变革是弗洛姆理论取向的关键主题 [例如，《在幻想锁链的彼岸》（ *Beyond the Chains of Illusion*，1962 ）]。反过来，弗洛姆也能从读者想听他建议的迫切表现中获得力量。他开始极力倡导他的人本主义社会主义（ humanist socialism ）原则：人本主义社会主义不同于苏联式的共产主义，也不同于西方的资本主义。

不过，弗洛姆对这些发展的兴趣并不是纯政治性的。在面对看似不可避免的核战争时，"这怎么可能"这个古老的问题又回来了。人们在面对有可能发生的人类灭绝惨状时怎么能如此消极被动且看似无动于衷呢？弗洛姆在解释这个问题时指出，大多数人只是不够热爱生活。在 1964 年出版的《人心》（ *The Heart of Man* ），以及 1966 年出版的《像上帝一样生存》（ *You shall be as Gods* ）中，弗洛姆还将这些倾向与"**恋生性**"（ biophilia，热爱生命的、积极的 ）和"**恋尸性**"（ necrophilia，热爱死亡的、破坏性的 ）这两个概念联系到了一起。

　　20 世纪 60 年代中期，弗洛姆在美国的受欢迎程度和政治参与程度都达到了顶峰。他曾积极地支持民主党人 E. 麦卡锡〔Eugence McCarthy，请不要同 J. 麦卡锡（Joseph McCarthy）相混淆，在 20 世纪 40—50 年代，J. 麦卡锡的名字等同于反共产主义的法西斯主义〕。1968 年，E. 麦卡锡没有被提名为总统候选人，弗洛姆也不再积极参与政治活动了。

　　从 20 世纪 60 年代后期起，弗洛姆的身体健康状况开始衰退。1966 年，弗洛姆心脏病发作，于是待在瑞士等身体康复。1967 年，弗洛姆把所有的教学活动和培训活动都交给了他的学生，他的这些学生任职于信誉卓著的机构。弗洛姆自己则想花更多的时间来研究和写作。他自己从事的一个重要项目是全面分析人类的攻击性。1973 年，弗洛姆出版了《人类的破坏性剖析》（*The Anatomy of Human Destructiveness*）一书，试图从多学科（从人类学到生物学）的视角探讨攻击性问题。

　　从 1969 年到 1973 年，弗洛姆夫妇只有冬天的几个月待在墨西哥，夏天则在瑞士生活。1974 年夏天，弗洛姆夫妇在位于洛迦诺–穆拉尔托（Locarno-Muralto）的公寓住了一段时间，之后，他们便决定一直待在那里。他们没有回库埃纳瓦卡，他们在墨西哥的事务都是远距离解决的。

　　1976 年，《占有还是存在？》出版。该书后来非常受欢迎，尤其在欧洲更是如此。在分析了中世纪基督教神秘主义者 M. 埃克哈特（Meister Eckhart）等思想家以及东西方思想中更多关键人物的作品之后，弗洛姆将一些传统的要旨往前推进了一步，以探索它们在 20 世纪后期的影响。他将一种创造性的**存在取向**（being orientation）与非创造性的**占有取向**（having orientation）放到了一起。在那些因西方资本主义的压力及其潜在的破坏性竞争而对其越来越失望的人看来，弗洛姆的观点就像是一种启示。这些观点让弗洛姆成了欧洲盛行的新兴运动的关键人物之一。

　　虽然弗洛姆的身体出了一些问题，但弗洛姆似乎总是散发着个人的能量和实力，这让他成为一个富有魅力且受人尊重的演说家。下面的描述很好地证明了这一点：在1975年召开的一次专题研讨会上，弗洛姆无比自然地做了一场两个小时的讲座，400多名听众不知疲倦地听完了全场。

20

　　在1977年和1978年，弗洛姆两次发作心脏病。1980年3月18日，弗洛姆的心脏病最后一次发作，弗洛姆丰富又极具创造力的人生画上了句号，这时距弗洛姆80岁生日还有5天的时间。

　　死亡并不意味着弗洛姆思想的终结。弗洛姆去世后，他的畅销书一次又一次被重印，他在精神分析、宗教研究、心理学和社会学等领域的影响力继续存在着，吸引着读者阅读他的作品。国际埃里克·弗洛姆学会（*International Erich Fromm Society*，定期举行会谈，召开会议）的建立，以及在弗洛姆的助理和同事——精神分析学家芬克（Rainer Funk）领导下成立的埃里克·弗洛姆档案馆（*Erich Fromm Archive*），这说明弗洛姆的遗产回到了德国（蒂宾根），从此弗洛姆的人生故事完整了。此外，芬克还是《弗洛姆文集》的主编。1972年，芬克在撰写一本关于弗洛姆思想观点[1]的著作——《做人的勇气》（*The Courage to be Human*）时，曾到弗洛姆家住了6个月。

　　虽然弗洛姆的作品很受欢迎，但更为传统的学术圈和精神分析圈有时候表现得较为谨慎。[2]本书将更为深入地分析弗洛姆的观点和影响。弗洛姆广受欢迎难道仅仅是因为他代表了20

21

---

[1]　Funk, R. (1982). *The Courage to be Human* (Translated by M. Shaw). New York: Continuum, p.xiv.

[2]　Burston, D. (1991). *The Legacy of Erich Fromm*. Cambridge (Mass.) and London: Harvard University Press.

世纪下半叶的时代精神吗？弗洛姆的思想观点在 21 世纪不断变化的社会背景中是否依然有意义？

从本章对弗洛姆生平的简要介绍中，我们可以看到弗洛姆是一个非常有创造力且有趣的人。弗洛姆是一位思想家，他不会因为害怕而避开对人类存在非常重要的问题，即使寻找这些问题的答案似乎困难重重也不逃避。弗洛姆还是一位精神分析学家，用人性和共情来对待他的患者。弗洛姆努力追求道德上的完美，这是他自己生活中的一个重要主题。在弗洛姆看来，心理学不可能是一门枯燥的"科学"，精神分析工作也不可能不用人本主义的术语来深刻地理解个体。心理学和精神分析都必须从一个本质的道德视角出发，努力以一种整体的观点看待个体和社会。我们可以认为，弗洛姆是一位充满激情的人类处境探索者，他的思想观点值得我们进一步探究，并将其作为跳板，以更为深入地理解我们所处的时代。

接下来的各章将分析弗洛姆在以下领域的研究。第二章介绍弗洛姆有关人的观点、存在性需要（existential needs）及其对我们生活方式的启示。第三章把这些观点运用到人际关系中爱的背景之下。紧接着，第四章呈现了弗洛姆有关治疗关系之本质特征的观点。接下来关注的焦点更为广泛，第五章关注的是社会，介绍了弗洛姆的社会批判观点，以及他提出的改善社会的建议。第六章分析弗洛姆在他那个时代的学术圈以及当前学术圈中的地位。最后，第七章讨论弗洛姆的观点在 21 世纪的影响。

22 **弗洛姆的主要出版物、生活事件以及更广泛的社会政治发展和事件一览表**

年 份	主要出版物	生活事件	社会政治发展和事件
1900		弗洛姆在德国法兰克福市出生	

续表

年 份	主要出版物	生活事件	社会政治发展和事件
1918		弗洛姆开始在法兰克福大学学习法律	第一次世界大战结束
1922		弗洛姆获海德堡大学社会学博士学位	
1924		在海德堡建立治疗中心	德国恶性通货膨胀
1926		与赖希曼结婚	
1931		感染肺结核，与赖希曼分居	
1932	发表文章《分析社会心理学的方法与功能》(The Method and Function of an Analytical Social Psychology)		
1934		移民美国	希特勒成为德国的元首和总理
1936	发表有关霍克海默《权威与家庭》(Studies in Authority and the Family)中的权威人物的观点		
1938		肺结核再次发作，待在瑞士达沃斯	
1939			第二次世界大战爆发
1940		加入美国国籍，与赖希曼离婚	
1941	出版《逃避自由》		珍珠港事件——随后，美国卷入第二次世界大战
1944		与亨尼结婚	
1945			第二次世界大战结束，广岛事件——战争中第一次使用原子弹

续表

年　份	主要出版物	生活事件	社会政治发展和事件
1947	出版《为自己的人》		"冷战"政策，20世纪40年代后期和50年代美国的麦卡锡主义
1950		搬到墨西哥	
1952		亨尼去世	
1953		与安妮斯结婚	
1955	出版《健全的社会》		
1956	出版《爱的艺术》	搬到库埃纳瓦卡	
1959	出版《西格蒙德·弗洛伊德的使命——人格与影响力分析》		
1961	出版《马克思论人》		修建柏林墙，"猪湾事件"和古巴导弹危机
1962	出版《在幻想锁链的彼岸》		召开莫斯科和平会议
1964	出版《人心》		"越战"期间
1966	出版《像上帝一样生存》	弗洛姆第一次心脏病发作	嬉皮反文化年代
1968	出版《希望的革命：走向人性化的技术》	在E.麦卡锡的竞选活动中发挥了积极的作用	欧洲、墨西哥和美国爆发学生运动，尼克松（Richard Nixon）在美国总统竞选中获胜
1973	出版《人类的破坏性剖析》		
1976	出版《占有还是存在？》	弗洛姆的健康状况恶化：1977年和1978年第二次和第三次心脏病发作	德国运动发展，20世纪70年代后期，德国成立绿党
1980		第四次心脏病发作，去世	

24

第二章 弗洛姆论"人"

弗洛姆探索人类存在的一个令人信服的方面是，他有将人类复杂生活的许多方面结合到一起的能力。弗洛姆关于人的模型，一方面将人类的某些生物倾向作为起点，另一方面也将人类因拥有意识能力而产生的**存在性困境**（existential dilemmas）作为起点。弗洛姆审视了这些因素如何在个体与社会动态的相互联系中表现出来，以及它们对人类生活方式有何启示。

"男人"还是"人"？

弗洛姆经常用"男人"（man）一词来指人类，我们或许有必要从一开始就较为详细地分析一下弗洛姆提出的"人"的概念，以及当他真正想要表达"人"或"人类"的含义时，却使用"男人"这样一个"带有性别歧视的"词语的原因。弗洛姆在一些作品中使用"男人"一词，现在看来似乎有些陈旧，甚至很可能与他的人本主义平等原则相冲突。当然，这样的用法在他那个时代很常见，也与英语中缺乏一个恰当的对应词有关。在 1976 年撰写的《占有还是存在？》①一书的前言中，弗洛姆就提到了这个问题。他说，英语中没有一个像他的母语德

①　Fromm, E. (1979). *To Have or To Be?* London: Abacus, p.10.

语那样的常用词。德语中"Mensch"一词是指"一个男人或一个女人"（虽然我们应该指出，这个词的语法性别是男性）。弗洛姆声明，他是在更为一般的"Mensch"意义上使用大写的"Man"（男人）的，他这样做是为了避免累赘的表达。他还用人本主义作品中该词的传统用法来证明自己这种做法的合理性：试图"恢复该词的无性别含义……而不是取代那些拗口难懂的词语"。[①] 这是否能够让持反对意见的女权主义者满意还很难说。20世纪70年代，女权主义运动的声势越来越浩大，弗洛姆开始承认这个方面的语言的重要性，但他显然并没有解决这个问题。从那时起，至今没有出现一种纯属语言学的很好的解决方案。在本书中，我们将尽可能避免僵化的分类。为了防止任何刻板的分类，我们将穿插使用男性代词和女性代词。

人的存在：身体与意识之间

在弗洛姆看来，人既脆弱、容易受伤，又积极创新。人生活的复杂特征（有时候是相异的特征）往往会导致紧张局面和困境。一方面，身体的脆弱是人所固有的。人的身体会受时间和空间的限制，人沿着出生、成长、成熟的轨道，最终必定走向死亡。疾病与痛苦常常会降临到人身上，这是生理性现实带来的不可避免的结果。另一方面，人又拥有极大的自我意识，能够做出选择，进行自我指导。人至少能找到某种方法来理解人的处境：人的思维能够处理过去、现在和未来的事情，人能够意识到自身的脆弱性和局限性，能够认识到其他任何人都不可能像自己一样感觉到自己的痛苦，而且死亡是每一个人都必

---

① Fromm, E. (1979). *To Have or To Be?* London: Abacus, p.10.

须自己去面对的不可避免的前景。

这种自我意识的发展切断了人与自然的一些联系，并给了人一种不同的新视角。

> 最早出现在动物世界里的人就像是一个怪物。这个怪物已经失去大多数能够调节他自身活动的本能装备，因此，相比于大多数动物……他显得更加无助。不过，他发展出一种思维、想象和自我意识的能力，这是他改变自然及其自身的基础。①

因此，人反省生活的能力同时也给人带来了新的需要和挑战，让人产生了"我们从根本上说是孤独的"这样一种深切的感受。为了避免这些压倒性的孤独感，以及因为认识到这一点而有可能产生的绝望感，人常常会努力与同伴建立某种联系。弗洛姆认为，这是影响人生活每一个方面的基本问题。

> 这种意识……导致人不得不面对这样一个本质上属于人性的问题：一个人由于意识到自己不同于自然、他人，由于意识到死亡、疾病、衰老……，因此，人在将自己与宇宙以及所有不是"他"的他人比较时，必定会感觉到自己的微不足道与渺小。除非人有某种归属感，除非人的生活有某种意义和方向，否则，人就会觉得自己像是一粒尘埃，会被个人的微不足道感压垮。②

27

---

① Fromm, E. (2002). *The Sane Society*. Abingdon: Routledge Classics, p.345.
② Fromm, E. (2001). *The Fear of Freedom*. Abingdon: Routledge Classics, p.17.

从人类处境中产生的心理需要

在弗洛姆看来，人应对自身存在性困境的方式通常源自人与世界的关联。他认为，人主要是社会性存在，总是努力去理解在日常生活中遇到的人与事。弗洛姆提出，人类在试图解决存在性困境的过程中，一般会做出积极的或消极的选择：要么退行至"动物性存在"，[①] 试图从原先确定的事情中寻求慰藉，要么继续向前发展，以实现人的潜能。在《健全的社会》一书中，弗洛姆论证了这种二分法，明确阐述了从存在性困境中产生的各种不同的心理需要——与艾伦（Harold J. Allen）所说的弗洛姆的"心理命令"（psychological imperative）[②] 有关联。

弗洛姆描述的第一种紧张局面是**关联对自恋**（relatedness versus narcissism）。要解决这种紧张局面，人可以选择积极的方式，即通过爱和建立富有成效的关联来解决，也可以选择消极的方式，即通过自恋（不能从另一个人的视角看待世界）来解决。儿童必须学会将自己与其他人区分开来，并慢慢发展出认识到这一点的能力，即他人的观点往往与自己的观点不同。不过，如果人不能获得这方面的发展，或者在日后失去了这种能力，那么人就会把自己封锁在自己的现实中，无法感知自身之外的世界。在极端的情况下，这可能会导致精神失常。较为温和的自恋通常表现为自我吹嘘、自视过高，而且认识不到另一个人的需要和愿望。而与他人建立积极的关联则让

---

① Fromm, E. (2002). *The Sane Society*. Abingdon: Routledge Classics, p.26.
② Allen, H. J. (1992). Fromm's Humanism and Rorty's Relativistic Historicism. *Contemporary Psychoanalysis*, *28* (3), 467–482.

人有了一种独立自主的感觉，与此同时，基于共同的人性建立的与他人的积极的关联，会让人觉得自己与他人休戚相关，从而使人能够尝试着去了解人的存在性需要。本书第三章将更为深入、详细地探讨弗洛姆有关爱和建立富有成效的关联的一些观点。

第二种紧张局面与第一种密切相关，弗洛姆称之为**超越**（transcendence）。超越指的是人寻找生活意义的方式可能会让人产生**创造性或破坏性**（creativity or destructiveness）。后来，弗洛伊德的精神分析假定存在两种不同的本能：**性本能**（Eros），一种确保生命的性欲；**死本能**（Thanatos），一种破坏性的"死"的本能。不过，在弗洛姆看来，这两种本能都源自同一种需要，他提出，"当创造的意愿不能得到满足时，破坏的意愿必定会产生"。① 弗洛姆声称，创造性往往会将人带到积极的一面，给人提供一种幸福感和目的感。

在弗洛姆后来出版的著作《人类的破坏性剖析》中，他进一步发展了这种观点。他试图从不同的学科视角出发，探索和解释了人的破坏性倾向，其中包括精神分析学、心理学、神经生理学、动物行为学、古生物学、人类学等学科的观点。弗洛姆将这些观点结合到了一起，提出我们可以将攻击分为良性攻击和恶性攻击。一方面，具有生物适应性且有益于生活的攻击（如防御性攻击）可以归为良性攻击。另一方面，如果社会不培养人的创造性，以至于人不能以创造性的方式应对人的存在性需要，就会产生负面的恶性攻击。这种攻击旨在破坏，不具备任何保护生命的功能。

这也与**有效性**（effectiveness）需要有关。同样，人可以用非常不同的方式应对有效性需要。有效性可以是因建立积极关

28

---

① Fromm, E. (2002). *The Sane Society*. Abingdon: Routledge Classics, p.36.

系而带来的快乐，也可以是一种因工作或智力成就而产生的有效感。如果不解决有效性需要，人就会面临一种被无能感压垮的风险。

> 这种被确定为无效的感觉……是最为痛苦且几乎让人无法忍受的体验之一，因此，人会用尽一切手段去克服它，无法克服它的人可能会变得药物成瘾，痴迷于工作，甚至会变成残忍的杀人凶手。①

此外，有实验证据表明，即使是短时间的感觉剥夺也会引起负面的情绪，如易怒、不安等。弗洛姆以这些实验证据为基础，在这样的背景下提到**兴奋**（excitation）与**刺激**（stimulation）。

在《健全的社会》一书中，弗洛姆提出，无效性问题是人所特有的——人是唯一有可能感到厌烦或不满的物种。而且，弗洛姆是最早提出这样一种观点的人，即动物的生理需要如果得到满足，它们就会感到满足。② 不过，弗洛姆在其他地方也确实承认过，如果限制动物的自由，也有可能会扼杀它们的潜能，并导致它们做出破坏性的攻击行为。③

29　人还会体验到**寻根**（rootedness）的需要，这是一种归属感。应对这种需要的消极方法就是弗洛姆所说的"强烈依附于熟悉的事物"。由于人会因为自己的独立性而感到焦虑和害怕，因此人会固守着部分狭隘的传统，而不考虑其他的可能性。弗洛姆在此提出的观点是建立在弗洛伊德精

① Fromm, E. (1997). *The Anatomy of Human Destructiveness*. London: Pimlico, p.318.
② Fromm, E. (2002). *The Sane Society*. Abingdon: Routledge Classics, p.23.
③ Fromm, E. (1968). *The Revolution of Hope: Towards a Humanized Technology*. New York: Harper & Row, p.62.

神分析的基础之上的：弗洛伊德声称，人可能会固着于性心理发展的不同点上。不过，弗洛姆认为，"依附于熟悉的事物"这一问题的根源是人的**存在性不安全感**（existential insecurity），而不是弗洛伊德认为的性欲。人也可以采取积极的方式应对寻根的需要，即与同伴团结友爱。只要认识到普世人性这一共同纽带，人就能获得安全感，就能发展出自己的个性。

还有一种类似的需要与**同一性**（identity）有关。弗洛姆提出，在中世纪以及之前的社会中，**氏族同一性**（clan identity）给人一种稳定的自我感。当社会变革削弱了这种氏族同一性时，用于自我定位的新的同一性就会出现，如民族同一性、职业同一性、宗教同一性。在人努力让自己适应这些群体的过程中，人常常会面临为了不需要动脑子的**群体顺从**（herd conformity）或盲目服从领导者而放弃获得个人自由之潜能的危险。在这里，弗洛姆非常强调个性，将其放到了积极的一端。有趣的是，弗洛姆关于同一性的观点与精神分析学家埃里克森（Erik Erikson）的**毕生发展理论**（life-span theory）非常相似。[①] 与弗洛姆同时代的埃里克森也发展了弗洛伊德的观点，他关注的主题与弗洛姆关注的一些主题非常相似。埃里克森认为，同一性是青少年时期的关键问题，此时的青少年想要获得一种自我感和方向感。弗洛姆认可埃里克森在这个领域所做的研究的价值。不过，弗洛姆宣称，虽然埃里克森的研究有其价值，但对这个问题的探究不够深入。弗洛姆觉得，他将同一性视为一种存在性需要，胜过埃里克森的发展取向（他们的观点明显存在一些相似之处，他们都试图解释现代社会中的个体的

[①] 有关埃里克森思想观点的概述和讨论，可参见 Stevens. R. (2008). *Erik Erikson: Shaper of Identity*. Basingstoke: Palgrave Macmillan.

经验）。

弗洛姆提出了**取向框架和忠诚**（frame of orientation and devotion）的需要，这是一种智力与情感方面的需要，这种需要让人可以在这个世界上找到一种道德立场和行动基础。这种需要尤其与特定的信念系统有关，这种信念系统为人提供了参考框架和意义感。弗洛姆区分了两种回答这个问题的答案：一种是**理性的答案**，一种是**非理性的答案**。这里出现的问题是：我们应该将哪些精神心理的取向框架视为弗洛姆所说的积极端，哪些视为弗洛姆所说的消极端？我们该怎样决定哪些是理性的答案，哪些是非理性的答案呢？弗洛姆提出：

> 只有分析各种形式的宗教，我们才能知道，就人对意义和忠诚的追求来说，哪些答案更好，哪些答案更糟。"更好"或"更糟"始终都是从人的本性及其发展的角度来说的。[①]

在本书第五章和第七章，我们将更为详尽地探讨弗洛姆有关宗教和信仰的观点。

生命取向：恋生性取向与恋尸性取向

人究竟如何处理这些问题，方法是可以选择的，这就造成了一种紧张局面，人可以用不同的方法来解决。弗洛姆在大多数作品中都描述了一个人要面对的基本选择。例如，他在施韦泽（Albert Schweitzer）界定的**敬畏生命**（reverence for life）

---

① Fromm, E. (2002). *The Sane Society*. Abingdon: Routledge Classics, p.64.

的基础上，给出了处理**存在性焦虑**（existential anxiety）的积极方法和消极方法。"只要是促进人的特定功能更好发展并有助于维持生命的方法，就是有价值的或好的方法；而只要是扼杀生命的、麻痹人的活力的方法，就是消极的或不好的方法。"①

即使人受到一些生物因素和社会因素的限制，人也可以自由地做出选择，而且这些选择基本上都是"好"与"坏"或者"生"与"死"之间的选择。

> 我认为，人的基本选择是生与死的选择。人的每一个行动都暗含了这种选择。人可以自由选择，但这种自由是有限的……扩大自由的边界，有助于维持生命的条件，而消除那些可能导致死亡的条件是人类的职责……生命意味着不断改变、不断再生，而死亡则意味着停止成长、僵化和反复。②

在 1964 年出版的《人心》中，弗洛姆用类似的方式提出了一种描写人的特征的方法，还在该书中区分了两种基本的生命取向。

恋生性取向代表的是积极的一端，简单说，恋生性取向最基本的特征就是热爱生命。在那些潜能已经得到发展且被幸福和成长吸引的个体身上，我们可以看到这种恋生性取向。弗洛姆提出，儿童是朝着恋生性取向发展，还是朝着其对立面——恋尸性取向发展，要看这些儿童的家庭关系如何。激励、自由

31

① Fromm, E. (1968). *The Revolution of Hope*: *Towards a Humanized Technology*. New York: Harper & Row, p.89.
② Fromm, E. (1980). *Beyond the Chains of Illusion*: *My Encounter with Marx and Freud*. London: Abacus, p.166.

和正面示范是培养恋生性取向的必要条件。不过，弗洛姆也承认，这个领域的研究者需要做进一步的研究，以明确提出发展这些取向的确切条件。

与之相反，恋尸性取向（其字面意思是热爱死亡）描述的是那些受消极被动、腐朽衰败之物吸引的人，这样的人酷爱那些关于疾病与死亡的描写，而且他们的人际关系特点是占有欲、控制欲强，而且充满了暴力。具有恋尸性取向的人常常紧紧抓着过去不放，喜欢一些无生命的物体，而且害怕未来。弗洛姆明确指出了具有恋尸性取向的人的行为模式，如受黑暗和夜晚的吸引，过分注重整洁，强迫性地遵守规则和秩序，等等，这些是具有恋尸性取向的人的特征。弗洛姆把希特勒和艾希曼（Adolf Eichmann）作为恋尸性取向的最佳例子，这一点毫不奇怪。

虽然弗洛姆以"纯粹的"形式描述了两种基本的生命取向，但他也提出，实际上，大多数人是这两种生命取向混合的存在。因此，人的目标在于尽可能地发展恋生性取向，并创造条件使这一目标得以实现。

此外，恋生性取向与恋尸性取向之间的区别还构成了弗洛姆社会批评的基础（他在《占有还是存在？》一书中提出了"占有"与"存在"这两种取向，进一步发展了他的社会批判观点）。在第五章涉及弗洛姆的社会观点时，我们将进一步讨论这些方面。

性格取向：创造性取向与非创造性取向

弗洛姆设计了一个更为具体的图式来分析人应对存在性需要的习惯性方式，并对其加以分类。在这个图式中，弗洛姆认为，人会受到体质因素的影响，但社会条件也会对人产生重要的塑造作用。弗洛姆承认家庭在这个过程中发挥的重要作用：家庭是各种准则、价值观得以永久存在的社会机构。

在《为自己的人》一书中，弗洛姆详细解释了他眼中主要的**性格取向**（character orientation），以及它们与社会的关系。弗洛姆说，大家应该把他的描述看成是原型，而不是某个特定的个体。我们大多数人身上都包含不同性格取向的某些特征，其中一种性格取向可能更占优势。

从积极的方面来讲，人类固有的存在性困境可以在朝着一种有关人类自己及其他人的成熟的、健康的且具有创造性的发展过程中得到解决。爱的关联与理智是发展人类潜能，即**创造性取向**（productive orientation）的基础。这种取向通常出现在这样的人身上：

> 他认为自己是一个独一无二的个体，同时又觉得自己与同伴是一体的；他通常不会顺从非理性的权威，但愿意接受良心和理智的**理性权威**（rational authority）；他只要活着，就一直处在不断新生的过程中，而且在他看来，生命的礼物是他拥有的最为珍贵的机会。①

弗洛姆明确承认，他有关性格取向的描述与弗洛伊德的人格理论有诸多相似之处。弗洛姆关于创造性取向的描述与弗洛伊德概括的**生殖期人格**（genital character）极为相似，而弗洛姆描述的大多数**非创造性取向**（non-productive orientation）则与弗洛伊德的前生殖期人格有相似之处。不过，弗洛姆并不认为性驱力是"塑造我们是谁"的动力，这一点与弗洛伊德不同。

① Fromm, E. (2002). *The Sane Society.* Abingdon: Routledge Classics, p.268.

正如上文所述，弗洛姆提出，为人的性格奠定基础的是人与世界的关联。为了更加深入地解释人与世界的关联是如何对人的性格产生影响的，弗洛姆引入了下面这样一些概念：**同化**（assimilation）指的是人与物质世界的关联；**社会化**（socialisation）指的是人与他人的关联，以及人对自己的看法。

弗洛姆提到的与同化——人与物质世界的关联——有关的非创造性取向是**接受取向**（receptive orientation）。接受取向的基本特征是相信所有好的事物都来自自身之外。接受取向描述了那些被动依赖他人来实现自身需要的人（不管是以他人的形象还是以一种神秘助人者的形象出现，都是如此）。[①]弗洛姆宣称，在以一个群体剥削另一个群体为基础组织起来的社会中，我们经常看到这种取向。那些被剥削的人将其统治者视为其生存必需的根源，认为他们自己为改变现状而付出的努力只会让事情变得更糟。对西方国家来说，这一点似乎并不特别相关。不过，弗洛姆指出，从我们的信念，即"专家"（我们期望自己能够被动地吸收专家的建议）能够给我们提供一切问题（从父母教养到商业成功）的答案中，我们可以看到接受取向的一些较为隐蔽的方面。消费社会的经济压力已产生消极被动、贪得无厌且可以操控的**消费人**（homo consumens），这些消费人总是随时准备购买一切有可能缓解他潜在的恐惧和厌倦情绪的东西。

33   **剥削取向**（exploitative orientation）描述的那些人——与接受取向中那些占据统治地位的人相似——也认为，一切美好事物的根源都在他们自身之外，而且他们热衷于从他人身上抢夺和偷取一些东西。他们只会根据人和事物的实用价值来评价

① Funk, R. (Ed.). (1999). *Erich Fromm Gesamtausgabe Zwölf Bänden* (Band II). Stuttgart: Deutscher Taschenbuch Verlags-Anstalt, p.44.

人和事物。剥削取向占主导的人常常会被人们描述为贪婪和善妒。弗洛姆宣称，剥削取向的根源可以从中世纪的封建制度追踪到 18 世纪和 19 世纪无管制的自由市场中人力与物力资源的掠夺。

同样也是在 18 世纪和 19 世纪——随着物质产品的可获得性越来越大——**囤积取向**（hoarding orientation）扎根下来。不过，囤积取向不同于前两种取向，因为囤积取向描述的是那些不关注外在之物，只关注自身拥有之物的人的特征。囤积取向描述的那些人为了创造一种安全感，用东西将自己包围起来，只要一想到必须放弃什么东西，他就感觉受到了威胁。他们常常怀念过去，而且对传统怀有眷恋之情。囤积取向占主导的人往往吝啬小气，特别守时，而且他们喜欢一切都井井有条且可以预测。

弗洛姆提到的与社会化——人与他人的关联——相关的非创造性取向与**共生性关系**（symbiotic relating）有相似之处。共生性关系的特点在于，不能个性鲜明而又完整地与他人建立关联，从而导致消极依赖。"依附于他人"的积极表现形式是处于统治地位，与其相对应的消极形式是施虐—受虐关系中表现出来的屈从。

其他非创造性的关系之所以常常被视为毫无益处，不是因为依赖，而是因为这些关系的特点是距离和退缩。弗洛姆认为，这可能会导致**主动破坏取向**（active destructive orientation）。主动性破坏取向的人的特点是，他们害怕他人有可能伤害自己，因而意图摧毁他人。在《人类的破坏性剖析》中，弗洛姆还用了**恋尸破坏性取向**（necrophilous-destructive orientation）来描述伴随军备竞赛的心理发展。弗洛姆认为，恋尸破坏性取向的人痴迷于无生命的事物和暴力，这往往会导致恋尸破坏性取向的人完全根据科技以及为控制世界而付出的努力来看待这个世界。①

漠不关心取向（indifference orientation）与第二次世界大战后资本主义社会的特定发展以及他们对市场化和宣传广告——**市场性格**（marketing character）——的关注有关。在一个任何事物都仅依据其交换价值来判断，并由客观的供需机制来调控的社会，人通常疏离于创造性的工作过程，疏离于同伴，而且疏离于自身。由于人只对什么东西最畅销感兴趣，因此人已经失去了一种以人自身的性格品质为中心的感觉，而是以一种反复无常的和机会主义的方式根据他人的需要见风使舵。如果工作需要一种特定的人格面具，那他们的着装、举止都会带着那种人格面具的色彩。如果他们需要取悦处于高位的朋友，那他们就会采取各种各样的方法去这么做。他们就像变色龙一样，为了适应情境，不管需要他们做出什么改变，他们都会去做。而这会导致他们丧失稳定的自我感，也会导致他们不能固守自己的价值观。

就像我们将在第五章看到的，这也是弗洛姆社会评论的一个关键特征。值得一提的是，弗洛姆早在 1947 年就提出了这个问题，当时——相比于当前的市场压力——消费主义还处于发展初期。

在后来的作品中，弗洛姆用**自恋取向**（narcissistic orientation）②来描述性格，以提醒我们：我们与他人的距离也可能表现为，我们不能正确认识我们自身之外还存在各种现实事物的事实。我们（作为个体或社会群体）是衡量我们看到的哪些东西是正

---

① Fromm, E. (1997). *The Anatomy of Human Destructiveness*. London: Pimlico, p.439ff.

② Fromm, E. (2002). *The Sane Society*. Abingdon: Routledge Classics, pp.33-34. 也参见 R. Funk (1982). *The Courage to Be Human* (Traslated by M. Shaw). New York: Continuum, p.43.

确之物的唯一标尺，而且我们对任何评论都高度敏感，而不管这种评论是多么合理。在我们身上，我们与他人的距离表现为我们迷失在自己的自我中心倾向中。

弗洛姆是一个幽默风趣的人，他喜欢用笑话来论证他的观点。例如，在论证自恋取向时，他经常采用的一种温和的形式说下面这样一个笑话：一位自恋的作家遇到了一位朋友，他极其详细地跟朋友讲了自己生活中发生的事情，最后这位自恋的作家说，我的事情就讲这么多——现在让我们来谈谈**你**吧。你觉得我的新书怎么样？① 有趣的是，弗洛姆说他自己有"自恋倾向"（弗洛伊德也曾这样说过自己）。谢克特（David Schecter）一直记得，上了年纪的弗洛姆经常思考这样一个问题，即"一个人的自恋倾向怎么就成了最难以克服的特征"。②

这里列出的性格取向都是理论上的描述。事实上，弗洛姆宣称，我们身上体现了不同性格取向的不同组合，而且没有哪个人是完全创造性取向的或完全非创造性取向的，即使总体上属于非创造性取向，也可能具有积极的创造性取向的特征。不过，总体的性格取向会影响我们给他人的印象。例如，在一个总体上属于创造性取向的人身上，囤积取向可能会表现为"耐心"或"细心"，而在一个总体上属于非创造性取向的人身上，囤积取向则会让他表现得"无精打采"或"焦虑不安"。③

弗洛姆提出，性格取向不仅适用于个体，也适用于社会。35我们也可以根据占主导地位的性格取向（这些性格取向在特定

①③ Fromm, E. (1999). *GA II* (1964, *The Heart of Man*, German version translated by Liselotte and Ernst Mickel), p.204, p.76.

② Maccoby, M. (2008). Fromm Didn't Want to Be a Frommian. In R. Funk (Ed.). (2009). *The Clinical Erich Fromm*: *Personal Accounts and Papers on Therapeutic Technique*. Amsterdam-New York: Rodopi.

时间、特定地点是特有的）来分析**社会**。弗洛姆宣称，我们可以明确指出一种社会性格，这种社会性格根据同一文化的成员与世界相关联的方式，描述了这些成员之间的相似之处，并界定指出：

> 社会性格是性格结构的核心，是同一文化大多数成员共有的。社会性格与个体性格截然不同。就个体性格而言，属于同一种文化的人们的个体性格彼此各不相同。①

有关社会性格的实证研究

有哪些证据可以证明这样一种表明人与世界之关联的图式化观点？弗洛姆和他的学生麦科比一起，将这些观念作为实证研究的基础。他们的目标是，在墨西哥发生深刻的社会变革，即从传统的农业社会向工业社会过渡的时期，考察并分析墨西哥村民的性格取向。这项研究得到墨西哥精神分析学会一些会员的支持，这些会员一开始的工作是无偿的。②

研究者采用了问卷调查法，问卷涵盖了 80 道有关人口学信息和生活方式的问题。该问卷还调查了被测者对各种社会问题和政治问题（从父母教养到世界和平）的观点。研究者还采用了梦境描述和一些投射测验的方法，如罗夏墨迹测验（Rorschach Inkblot Test，被测者解释他看到的墨迹是什么图形）来补充问卷调查的结果。通过被测者的解释可以洞悉他的潜意

① Fromm, E. (2002). *The Sane Society.* Abingdon: Routledge Classics.
② Fromm, E. (1999). *GA III Empirische Untersuchungen zum Gesellschafts-Charakter* (1970, *Social Character in a Mexican Village: A Sociopsychoanalytic Study*, German version translated by Liselotte and Ernst Mickel), p.76.

识过程。

弗洛姆和麦科比详细地解释了问卷的评分方法，从而确定性格取向的特定群集。他们采用因素分析的数学方法进行分析，结果表明，特定的性格特征确实可以按照弗洛姆设想的方式归类到一起。有关性格群集的发现与其他社会学变量结合到一起，说明了不同社会阶层盛行的是哪些类型的性格取向。

该研究让我们看到一种特定文化的生动画面，并让我们详细了解到有关卫生保健、学校教育以及个人恐惧和希望的观点。为了举例说明该研究的观点，我们在这里将关注的焦点集中于研究的一个具体方面：酗酒。村庄里大约 15% 的人受酗酒的影响。研究者在访谈和观察的基础上，将那些因过度饮酒而一周有好几天无法正常工作的人归为酗酒者。

研究者探索了与酗酒有关的文化因素、经济因素、社会因素和心理因素。我们将简要考察研究者提出的心理因素。研究者指出，被动接受的性格取向与酗酒有关。那些被归为酗酒者的人在关系中更可能表现出个人软弱无能的迹象，而且更可能相信用神奇的方法可以解决生活中的问题。除此之外，酗酒者身上也更可能出现强烈的退行性母亲固着现象。研究者推断，他们很可能是用酒精来克服这种个人无力感。酗酒者身上不那么常见的性格取向是囤积取向。相反，囤积取向在滴酒不沾的人身上更为常见。

研究者提出，个体的性格取向往往会与社会变革发生相互影响。那些具有被动接受的性格取向的人常常固着于原有的安全事物，因此传统的父权制农业社会中那些已经过时的观念在他们身上依然根深蒂固。随着工业化的发展，这些结构日渐衰落，人们需要找到新的方式来获得个人的力量和联系。那些具

36

有被动接受的性格取向的人往往不节约和珍视物质产品，在充满竞争的物质社会常常会感到很无力。他们被动接受的性格取向导致他们更可能寻找快速、短期的方法来解决令他们感到不安的问题，于是他们开始喝酒。

虽然这项研究提供了特定文化在特定时间的详细画面，但这样的关联当然是有问题的。例如，我们可能会怀疑：真的是被动接受的性格取向导致酗酒的现象更可能发生吗？难道那些被称为酗酒者的人已经产生无力感，而其成瘾行为又预示了被动接受的性格取向吗？这还需要进一步研究，尤其需要那些追踪某一个体一生之中的性格取向及其生活方式的研究。

自由与关联：个体的发展

从更一般的意义上说，弗洛姆认为，个体的生活最终都要遵循一条不断实现个体自身潜能的路线：**个性化**（individuation）与**自由**（freedom）。对于个体来说是这样（个体发生的角度），对于种族来说亦是如此（系统发生的角度）。不管是作为个体还是作为种族，个体都会超越早期阶段的限制，面对挑战——在复杂的现代社会找到与同胞**建立关联的创造性方式**。

从个体发生的角度看，儿童（在大多数情况下）会离开家人给予他们抚慰的亲密关系，也会离开家庭环境。他们必须找到自己的道路，成为他们自己。这一发展往往伴随着一种越来越强烈的与最初的影响因素相分离和隔离的感觉。对于发展中的儿童来说，身体、情绪和心理方面的发展会导致自我力量的不断增强，他们自身的局限有一部分是"个人条件所致，但从根本上说是社会条件所致……个性化过程的另一个方面是越来越孤独”。①

　　虽然一开始，那些熟悉的、安全的家庭环境和家人给儿童提供了一种安全感和最初的联系，让他们不会感到孤独，但到了青少年时期，儿童会日益强烈地感觉到自己必须找到自己的答案。个性化和自由让儿童产生新的需要，即以某一个体为基础发展出新的取向框架。

　　　　一旦个性化阶段完成，个体脱离了最初的联系，就会面临一项新的任务：确定自己的方向，让自己扎根于世界，以不同于前个体存在（pre-individualistic existence）的特有方式找到安全感。②

　　这个探索的过程与精神分析过程类似。在精神分析过程中，精神分析师就像一名登山向导，为个体指明正确的道路，并给他勇气，支持他继续向前。弗洛姆觉得，接受精神分析并受到鼓励进行自我分析和自我反省，应该是所有人都可以获得的，而不论其收入或心理健康状况如何，精神分析是一种“生活艺术”的工具，而不只是提供给那些患有心理疾病或精神不稳定者的治疗方法。③

　　弗洛姆声称，有关个体心理健康的观点具有普适性，在各种文化中都适用。

　　　　……心理健康的概念正是来源于人类存在的各种处境，这对所有文化所有年龄段的人来说都是一样的。心理

---

①② 　Fromm, E. (2001). *The Fear of Freedom*. Abingdon: Routledge Classics, pp.20–24.

③ 　Crowley, R. M. (1981). He Was Dedicated to Mankind. In R. Funk (Ed.). (2009). *The Clinical Erich Fromm*: *Personal Accounts and Papers on Therapeutic Technique*. Amsterdam-New York: Rodopi, p.101.

健康者的特点在于：具有爱和创造的能力；走出了对宗族和土地的强烈依附；基于作为个人力量之主体和代理人的自我经验，产生了一种同一性感；通过发展客观性与理性，把握住了自我内外的现实。①

在弗洛姆看来，已经实现自身潜能的理想的平衡人（a balanced person）是一个理性的、具有创造性且充满爱的个体。弗洛姆试图鼓吹他的主张，指出"心理健康概念本质上与人类伟大的精神导师提出的标准是一致的"。②

弗洛姆的学生、研究合作者和同事麦科比声称，弗洛姆的观点是"自我就像是一栋由许多房间构成的大厦，在这栋大厦里，大多数人都居住在其中的一间或两间房间里，而其他的房间都是紧锁的"。③ 因此，研究的目的在于探索迄今未知的财富，并分析是什么导致我们不能获得这些财富，即使我们的生命绝不会长到足够我们去探索所有的角落和缝隙。

第四章将更为详细地描述弗洛姆的精神分析取向，以及他关于治疗会心（therapeutic encounter）何以能够帮助我们成长为他所说的充分发展之人的观点。

自由与关联：人类的发展

人类走向自由以及与他人建立积极联系的道路，也可以从人类的系统发生发展中追踪："我们可以将人类的历史

---

①② Fromm, E. (2002). *The Sane Society.* Abingdon: Routledge Classics, p.67.

③ Maccoby, M. (2008). Fromm Didn't Want to Be a Frommian. In R. Funk (Ed.). (2009). *The Clinical Erich Fromm*: *Personal Accounts and Papers on Therapeutic Technique.* Amsterdam-New York: Rodopi, pp.53–54.

描述为一个越来越个性化，越来越自由的过程。"① 弗洛姆认为，这种自由是人类存在必不可少的一个方面。其根源在于两种相互关联的进化发展。弗洛姆指出，首先，在那些"动物进化中……较为高级的"生物身上，能够以一种简单、可预测的因果方式预先决定行为的本能较少。他提出，在人类身上，"本能决定论的力量走向了量尺零的那端"。② 类似地，进化导致的新皮层的扩大，使得灵活的学习与行为模式成为可能，并为意识、语言和想象的出现铺平了道路。从心理学的角度讲，行为若缺乏本能基础就会出现真空状态：灵活的行为与思维模式成了可能，但这也会带来选择的问题——如何做出行为，如何生活，如何找到一致的道德判断基础。

　　弗洛姆用亚当和夏娃的故事来比喻这一发展。亚当和夏娃一旦偷食善恶树之果，就会被驱逐出伊甸园。他们不顾上帝的禁令偷食了禁果，这一选择代表了人类历史上一个本质的转折点：自我意识的发展意味着人类与自然的本质统一性被打破了。弗洛姆在分析这个故事时指出，"违背上帝的命令"在权威教会看来是一种罪恶，但也可以将其看作是"第一个自由的举动，也就是，第一个**人类的**（human）举动"。③

　　弗洛姆强调，亚当和夏娃被驱逐出伊甸园，其结果是痛苦的，失去的是可以给他们提供一切且没有任何冲突的舒适的生活。这与人类在意识到自己的孤独和有限，并寻找新的方式与他人建立关联时固有的心理痛苦相类似。他以此例证了消极自由与积极自由之间的区别：人摆脱了伊甸园的甜蜜束缚，却

39

---

①③　Fromm, E. (2001). *The Fear of Freedom*. Abingdon: Routledge Classics, pp.26–27.

②　Fromm, E. (1968). *The Revolution of Hope*: *Towards a Humanized Technology*. New York: Harper & Row, p.60.

不能自由地支配自己，去实现自己的个性。① 自由是有可能获得的，但我们常常避开它。选择与责任有可能会导致焦虑和怀疑，有时候，我们发现让他人来作决定要容易得多——这也是我们的自由。与之相反的是弗洛姆的**积极自由**（positive freedom）概念，他提出该概念的基础是"这样一条原则，即没有什么力量会高于这个独特的个体自我，人是他自己生活的中心和目的"。② 生活本身成了生活的终极意义。

从进化论的角度讲，自由地做出选择并发展人类的能力，是一个漫长过程的开端。自我意识和创造力可能带来的转变显然是巨大的——工具使用、语言、艺术和工业化——更不用说对人类存在本身的性质进行深刻反省的可能性了。弗洛姆惊叹于这些发展："我认为，人类在近四千年历史中的发展真的令人惊叹。"③

这种发展较为黑暗的一面是人类的孤独感和脆弱性。就像圣经故事中善恶树之果让亚当和夏娃意识到自己赤身裸体一样，自我意识也让人类远离了自然：就我们所知，人类是唯一能够相当清楚明确地意识到自身的局限与脆弱的动物。尽管在"成为自然的一部分"和"脱离自然"之间存在这样一种潜在的分裂，但弗洛姆并没有将自然和文化视为分离的系统。事实上，他认为，人类身体上的缺陷是人类文化发展的起点。弗洛姆认为，人类与文化有关的生物性和文化是相互依赖的关系，或者确切地说，是自相矛盾的关系："人在生物方面的弱点是人类文化发展的条件……人会发明工具，虽然因此征服了自然，但却越来越脱离自然。"④ 我们还可以将这些观点看成是对人类今天

40

---

① ② ④   Fromm, E. (2001). *The Fear of Freedom*. Abingdon: Routledge Classics, p.28, p.228, p.27.

③   Fromm, E. (1980). *Beyond the Chains of Illusion*: *My Encounter with Marx and Freud*. London: Abacus, p.169.

面对的环境问题方面的敏锐观察。① 科技已经带来巨大的效益，让人以多种方式战胜自身的局限：人可以飞，可以使用电脑，可以开车到最近的超市，但与此同时，人对自然的影响也改变了自然，因此产生的状况反过来威胁到人的生存，并导致进一步的社会问题、心理问题和科技问题。

对于不同社会给出的人与他人建立关联之需要的答案，弗洛姆提出了一种历史的、发展的观点。作为一种最早、最古老的应对人的**存在性意识**（existential awareness）的方法，弗洛姆用表的形式表达了人想重新获得与自然之关联的尝试。弗洛姆从通常强调天神（即地球母亲）的所谓"原始"宗教仪式中找到了证据。弗洛姆认为，这些与自然和家庭崇拜保持联系的宗教仪式是倒退的、有缺陷的，不利于最大限度地利用自我意识的力量。

> 通过与自然、母亲或父亲保持联系，人实际上已经成功地在这个世界上获得安全感，但人往往要付出巨大的代价才能获得这种安全感，也就是说，人要付出屈服、依赖于他人，而且理性和爱的能力不能得到充分发展的代价。②

与人类同胞建立积极的联系非常关键，怀尔德（Lawrence Wilde）③ 正确地将团结（solidarity）确定为弗洛姆的人类本质观中一个重要的主题。弗洛姆将积极关联（positive relating）的核心问题描述如下：

---

①③　Wilde, L. (2004). *Erich Fromm and the Quest for Solidarity*. Basingstoke: Palgrave Macmillan.

②　Fromm, E. (1968). *The Revolution of Hope*: *Towards a Humanized Technology*. New York: Harper & Row, p.66.

对于个性化的人与世界的关系，只有一种可能的、富有成效的解决方法：积极主动地与所有人团结到一起，积极主动与自己自发的活动、爱和工作紧密联系，这让人作为一个自由、独立的个体（而不是通过最初的联系）再次与世界联系到一起。①

历史上，一旦经济条件和社会条件让人有时间和精力进行反思，更为复杂的解决方法慢慢就出现了。弗洛姆提出，当文化变得越来越复杂，我们就可以观察到"公元前 2000 年中期到公元 1000 年中期"之间进一步的重要转变。② 在此期间，一些重要的宗教发展出来，这些宗教相信，解决人的存在性困境的方法不在于退回去与自然联合到一起，而是尽力实现人的潜能。团结与爱的基本原则将人完美地联系到一起。

像佛教、犹太教、基督教或伊斯兰教这样伟大的人文宗教，或者从苏格拉底之前的先驱到当代思想家的伟大人文哲学家阐述的所有规范，都是对这种一般性的价值观原则的具体阐述。克服人的贪婪，爱他的邻居，追求真理知识（与不容批判的事实性知识不同），这些是东西方所有人文哲学系统和宗教系统共有的目标。③

在宗教常常被视为科学真理之对立面的年代，人们看到弗

---

① Fromm, E. (2001). *The Fear of Freedom*. Abingdon: Routledge Classics.

②③ Fromm, E. (1968). *The Revolution of Hope: Towards a Humanized Technology*. New York: Harper & Row, p.67, p.89.

洛姆在追求"真理"的标题之下将这些框架联系到一起,可能会感到相当意外。不过,如果我们将"真理"视为一种有关价值观的描述(在弗洛姆看来,这些价值观与人类存在的本质有关联,是一种与他人建立关联的新方式),那我们就能正确评价——即使并不一定接受——弗洛姆的观点。

重要的是,在这里,我们要澄清弗洛姆有关**理想**(ideals)和**意识形态**(ideologies)的历史的观点。弗洛姆为人文价值观的发展欢呼,将其视为一种进步。不过,弗洛姆强调,理想和意识形态被那些当权者滥用了,因为当权者心怀通过意识形态来压迫人民的邪恶目的,从而导致作为这些意识形态基础的理想被歪曲了。在这里,我们遇到的困难可能是如何界定理想和意识形态。如果用极端的例子和后见之明,则比较容易应对这个困难。虽然我们毫无疑问地认为,天主教会在审判期间的行为从根本上说是反人道主义的,也是反基督教义的,但我们依然想努力弄清楚如何精确地将宗教大师的理想转化为我们在这个复杂世界中的行为的细节。

有人指责弗洛姆,认为弗洛姆的观点只是反映了他的主观偏好。在驳斥他人的这种指责时,弗洛姆援引了这些价值观的有用性。

> 这种解决方法是许多人,还有团体(既包括宗教团体,也包括世俗团体)都经历过的,这些个人和团体在过去和现在都能发展出团结的联系,还有无限的个性和独立性。①

弗洛姆坚称他的观点是正确的,并提出,只有与他人建立

---

① Fromm, E. (1968). *The Revolution of Hope: Towards a Humanized Technology*. New York: Harper & Row, p.67.

积极的关联，才能让人在与他人保持联系的同时，依然能发展出自己的个性——这个主题我们将在第三章深入探讨。

42

　　这就是为什么说建立情谊的解决方法不是一种主观偏好的方法的原因。这是唯一能够满足人的两种需要——与他人建立亲密关系的需要和获得自由的需要，也就是成为整体的一部分的需要和保持独立的需要——的方法。①

改变生活

　　正如我们在此处讨论的，也正如我们在第一章表明的，弗洛姆是一位受人尊重的精神分析学家、作家、社会评论家，因他对患者以及他那个时代的社会弊病的敏锐评判而广为人知。弗洛姆的目标不只是理解个体与社会，而是在所有层面上促进更为积极且富有成效地与他人建立关联的方法。虽然弗洛姆对个体的分析以及他的社会评论常常表明，人已经发展出应对自身焦虑的消极方法，但他对人发展出更有利于找到富有成效的解决困境的方法持乐观态度。

　　在《希望的革命：走向人性化的技术》中，弗洛姆用他特有的激情描述了这一点。

　　在此时此地充满希望与信念的行动中，人和社会每一刻都会复活；每一个爱的行动、意识行动、充满同情的行动都会复活；而每一个懒惰的行动、贪婪的行动、自私的行动都会死亡。每一刻，存在都会让我们面临要么复活要

---

① Fromm, E. (1968). *The Revolution of Hope: Towards a Humanized Technology*. New York: Harper & Row, p.67.

么死亡的选择；每一刻，我们都要给出答案。这个答案不在于我们说什么或想什么，而在于我们是什么，我们如何行动，我们将去向何处。①

从这个意义上说，弗洛姆的寓意显然是一种**道德上**的寓意，不仅仔细审视了问题，还列出了解决的方法，并提供了生活指导。带着这样一种研究假设，即我们可以明确提出人类有哪些需要，人类在哪些条件下可以健康成长，弗洛姆提出了一些促进人类富有成效的发展和社会变革的方法，而这使得研究假设更容易实现。

在明确确立有关人类存在性质的普适性，以及如何富有成效地生活才能与人类需要相一致的观点方面，弗洛姆大胆地提出了他的观点。他的观点与社会科学中流行的某种后现代思维相去甚远。一方面，弗洛姆强调价值观在社会与文化方面的相对性，并质疑任何有关人类及其需要的普遍观点；另一方面，弗洛姆热衷于阐释人类经验的共同性。例如，弗里（Roger Frie）②指出了弗洛姆的人的概念与后现代观点的根本差异，后现代观点质疑了"人有一个'核心自我'（core self）"的观念，明确对人类存在一般条件的可能性表示怀疑。不过，那些否认经验存在任何普遍性的过于强调相对主义的论述往往面临这样的风险，即避免对"我们**应该**如何行动"作任何直接的陈述。这对心理学（心理学是一门很多人都向其求助，希望其提供生活指导的学科）本身来说尤其成问题。

43

① Fromm, E. (1968). *The Revolution of Hope*: *Towards a Humanized Technology*. New York: Harper & Row, p.17.

② Frie, R. (2003). Erich Fromm and Contemporary Psychoanalysis: From Modernism to Postmodernism. *The Psychoanalytic Review*, *90* (6), 855–868.

出于类似的原因，弗洛姆还让自己与萨特（Jean-Paul Sartre）的存在主义保持一定距离，萨特关注的焦点是个人自由的至高无上性，而且否认存在任何"有效的、客观的价值观"①，而弗洛姆认为，这是非建设性的绝望与自私自利的表现。除此之外，弗洛姆还坚称，萨特的观点缺乏系统的临床证据基础。

弗洛姆提出，心理学不能抛弃道德问题。相反，他觉得，心理学这门学科有责任和义务为社会中创造性生活的有效规范提供所需的基础。②

英格尔比（David Ingleby）断言，弗洛姆的观点——尤其是他的社会评论——在我们这个时代高度受关注，虽然在一些学术和政治领域不那么流行（这是因为他们对任何一种假定存在"对"与"错"的观点都持怀疑的态度）③。弗洛姆本人认为，对于创造性思维和创新思维的发展来说，这些试图回避道德问题的做法是一个绊脚石。

> 另一种……阻碍原创性思维的方法是将所有真理都看成是相对的。真理被证明是一个形而上的概念，如果有人坦言说想发现真理，那么他就会被我们这个时代"进步的"思想家看作是一种倒退。他们宣称，真理是一种完全主观的东西，几乎可以说是一个品位的问题。④

与弗洛姆此处贬损的态度相比，弗洛姆自己的观点公开涉

---

①② Fromm, E. (1999). *GA II* (1964, *The Heart of Man*, German version translated by Liselotte and Ernst Mickel), pp.162–163.

③ Ingleby, D. (1991). Introduction. In E. Fromm (2002). *The Sane Society*. London: Routledge Classics, p.xvi.

④ Fromm, E. (2001). *The Fear of Freedom*. Abingdon: Routledge Classics, p.214.

及道德和政治的问题，在个体和社会的层面为人类提供在他看来是迫切需要的生活指导。

弗洛姆思想的渊源

在简单了解了弗洛姆"人"论的一些方面之后，接下来重要的是把弗洛姆的一些观点放到时代背景中去理解。弗洛姆是一个书迷，他对当代社会发展和较为古老的灵感来源都非常感兴趣。芬克观察到："弗洛姆花在阅读上的时间无疑要比花在写作上的时间多得多（很可能有 20 或 30 倍之多）。"[1]

弗洛姆有关"人"的人本主义观点是一个贯穿他所有作品的主题。可以说，弗洛姆在他的作品中清楚地阐释了他认为的人类存在的本质，人存在于这个世上遭遇的挑战，以及应对这些挑战的方式。这是弗洛姆一生的工作。就像我们在这里表明的，弗洛姆理解生活经验本质的观点很宽泛（这一点在第一章也提到过）。从理论的层面讲，弗洛姆观点的基础是，他广泛地了解犹太-基督教和东方宗教（如佛教）的一些原则，并对它们进行了探索，同时他还将这些宗教的一些观点与一些思想家，如亚里士多德、斯宾诺莎、歌德（Johann Wolfgang von Goethe）、马克思、弗洛伊德等的观点结合到一起，从而形成一种有关人类存在与发展的"大理论"（grand theory）。

下面，我将介绍几个非常简单的、对弗洛姆的思想产生了影响的例子。《旧约全书》先知以及他们呼吁人们觉醒并改正其生活方式的举动给弗洛姆以灵感，从而使弗洛姆提出了个人

---

[1] Funk, R. (2008). Direct Encounter with the Other. In R. Funk (Ed.). (2009). *The Clinical Erich Fromm*: *Personal Accounts and Papers on Therapeutic Technique*. Amsterdam-New York: Rodopi.

改变与社会变革之迫切性的观点。从《新约全书》中，弗洛姆接纳了耶稣有关爱和团结的一些观点。从佛教中，他吸收了有关"存在之正念"（mindfulness of being）的要旨。亚里士多德的伦理学启发了弗洛姆，使弗洛姆提出了如何在社区环境中过上一种有道德的生活的观点。斯宾诺莎引导弗洛姆思考如何寻求人格化的神之外的意义。歌德给弗洛姆提供了有关人文主义的观点。从马克思那里，弗洛姆了解到经济关系的重要性，以及确立一种行动导向哲学的必要性。当然，对弗洛姆产生非常重要影响的是弗洛伊德的精神分析。马克思的观点提醒弗洛姆有必要意识到并改变人类的社会环境，同样，弗洛伊德的观点也提醒弗洛姆，有必要意识到并改变人类个体。通过精神分析，人了解到自己的潜意识冲突，而且这个过程往往会给人提供反思、改变并向前发展的机会。与弗洛姆同时代的施韦泽提出的敬畏生命 ① 的概念也给弗洛姆留下了深刻的印象。这些影响以及弗洛姆在德国、美国、墨西哥的生活经历，为弗洛姆提供了丰富的思想渊源，使他得以在此基础之上提出他的"人"论。

因此，不管是从弗洛姆观点基于传统与观点的宽度，还是从弗洛姆观点应用的范围来看，"大理论"中的"大"字都很适合弗洛姆的观点。弗洛姆的理论不仅涵盖了人类的历史发展，而且涉及个体的生命轨迹；不仅适用于个人问题，而且适用于各种关系及对社会的分析。

即使弗洛姆遇到的是一项相当有野心的任务，但他对于得出一些明确结论的可能性通常持积极乐观的态度。

　　　我认为，人的本质是可以探知的……人的本质在

---

① 1962 年 9 月 29 日写给厄克特（Clara Urquhart）的信。

于……人的存在中固有的矛盾，这种矛盾会迫使人做出反应，以找到解决办法……正是因为人之为人这样一个事实，生活往往会问一个问题：如何克服人与人以外的世界之间的分裂，才能获得与人类同伴及自然合为一体的经验。①

虽然我们能认识到弗洛姆赋予这些问题的重要性和迫切性，但像"人在生命中的每一刻都必须回答这个问题"②这样的断言可能一开始就会让人觉得相当言过其实；很多人都会思考那些被弗洛姆视为必不可少的存在性问题，但这些问题可能并不是像这里所说的每时每刻都要关注。不过，话又说回来，弗洛姆的观点是，人在一般情况下会发展出积极或消极的生活取向。从这个意义上说，弗洛姆强调人针对自身的存在性困境给出的答案不仅仅是孤立的哲学思考，显然很有道理，它们会对我们如何思考、感觉和行动产生影响。

评价弗洛姆的"人"论

那么，我们应该如何理解弗洛姆有关"人"的观点呢？陶伯（Edward Tauber）提出：

通过把近50年广泛的精神分析经验获得的临床智慧与终身致力的人本主义研究结合到一起，弗洛姆……提出了一种关于人之本质的概念性阐释，这种阐释从其活力和

46

---

① Fromm, E. (1980). *Beyond the Chains of Illusion*: *My Encounter with Marx and Freud*. London: Abacus, p.165.
② Fromm, E. (1980). *Arbeiter und Angestellte am Vorabend des Dritten Reiches*: *Eine sozialpsychologische Untersuchung*. Stuttgart: Deutsche Verlags-Anstalt.

简单性来讲是独特的、经典的。[①]

我们可以将这段话看作是对弗洛姆大多数研究的敏锐评价。直接、清晰是弗洛姆提出的有关人类存在的本质这一概念的特点。不过，弗洛姆在理论阐释方面的简单性，在多大程度上可以说是一种体现其明晰性的优势，又在多大程度上可以说是一种近乎简单化的弱点，还有待讨论，这一点我们将在下文探讨。

正如我们所看到的，弗洛姆对文学、宗教和哲学的强烈兴趣，使弗洛姆拥有一个巨大的思想宝库。弗洛姆还对那些相邻的学科保持一种开放性和好奇心。同时，他在精神分析背景中对一些患者进行了集中研究，积累了临床经验（虽然不是以一种统计学或严格的科学的方法进行的）。虽然弗洛姆提供了一些有关社会性格概念的实证研究，但他的大多数观点都是基于相当一般的——虽然也是敏锐的——观察。

那些试图为弗洛姆的观点找到一个科学基础的读者将会发现，弗洛姆的很多论断都太过一般，而且没有事实根据。如果将心理学视为一门应该获得可检验性和统计证据的科学，弗洛姆的许多观点就需要进一步审视了，充其量只是进一步科学探究的起点。其中的许多观点似乎都建立在弗洛姆一般意义的观察之上，然后将他最喜欢的各种宗教原则和哲学原则转化为心理学的术语。

当然，我们可以反驳说，弗洛姆在墨西哥的研究以统计学的形式表达他的观点，这一尝试确实解决了这个问题。不过，即使是在墨西哥的研究中，弗洛姆选择的方法也依然备受争议。我们可能会怀疑：能在多大程度上将问卷调查、投射测验

[①] Tauber, E. S. (1979). Clinician and Social Philosopher. *Contemporary Psychoanalysis*, *15* (2), 201–213.

和释梦视为构成性格结构基础的可靠证据。

其他人可能会认为，从智慧和经验两方面来讲，弗洛姆思想观点的基础很坚实。对于那些寻找灵感和生活指导的人来说，弗洛姆的观点有很多值得推荐的地方。我们可以认为，弗洛姆的观点是他以富有洞察力的方式将有关人的处境的不同理论整合到一起的结果。那些以心理学术语表达的宗教道德建议，很可能填补了美国和欧洲战后世界一个尤其重要的空缺，当时，美国和欧洲的会众因为对国家和教会心怀不满而逐渐减少，他们需要来自其他来源的道德指导。

这很可能也解释了为什么最近有人对弗洛姆的研究重新产生兴趣。在不确定的时期，大胆的主张——即使不是所有的主张最终都被证明是准确的或可行的——对于道德含糊不清的问题来说似乎更为可取（我们将在第六章和第七章更深入地探讨这一点）。在我们自己所处的这个社会变革时期，重新审视弗洛姆有关人类存在之矛盾及其产生的心理学影响和社会影响的观点可能很及时。

即使我们撇开与弗洛姆思想观点的证据基础有关的问题不谈，也依然会有人批评弗洛姆的个体性格取向和社会性格取向的概念。虽然弗洛姆本人曾明确指出"性格"描述的是在不同情境中都表现出的一些恒常特征，并试图将情境性反应与更为深层的性格结构区分开来，但我们依然可能会质疑这样的性格标签有多大的意义。有时候，它们会让人觉得就像是一个循环："恋生的、热爱生活的人决定追求恋生性价值观，而恋尸的人则决定追求恋尸性价值观。"① 好人选择好的价值观，而坏人则选择坏的价值观——除了价值观之外，我们怎样才能知道谁是恋生

① Fromm, E. (1968). *The Revolution of Hope*: *Towards a Humanized Technology*. New York: Harper & Row, p.91.

癖而不是恋尸癖？与其将弗洛姆提出的性格取向看成是描述他人的确切方法，倒不如说它们给我们提供更多的启示，让我们了解弗洛姆来自何处，让我们更好地洞察弗洛姆的世界观。

一个问题是，弗洛姆将非创造性特质分为消极与积极两类的一些具体细节显得相当任意和武断。例如，"自信"（通常被视为积极的特质）与"自大"（通常被视为消极的特质）之间的分界线可能难以分辨，而且很可能取决于观察者的感知。

关于弗洛姆的创造性性格取向，沙尔（John Schaar）也提出了一个有趣的观点。沙尔提出，弗洛姆的理想通常会导致这样一种人的形象：他为了生活而生活，和蔼可亲，不会被激情左右，也不会做出英勇的举动。这就好像是以开悟的举止表现出淡淡的自我满足感："具有创造性的人都是面无表情的，缺乏个性。"[1] 不过，我们可以说，这种和蔼可亲的温和对于破坏性的激情来说可能更为可取。

另一个问题是，弗洛姆关于两个极端的特有阐释彼此对立。当我们将创造性关联与非创造性关联、恋生性与恋尸性、创造性性格取向与非创造性性格取向并列而论时，是否有可能是一种将复杂情况简单化的倾向？这样一种简单、僵化的分类很有用，它让我们意识到这些取向的基本差异，但也可能有过于简单化的风险，甚至很可能会让人觉得弗洛姆的分类有偏见。

毕竟，弗洛姆自己也曾指出过偏见与刻板的危险。弗洛姆说："我认为，个体和社会生活中最具灾难性的错误之一是陷入刻板的思维定势之中。"[2] 从一个用"恋生性对恋尸性"或"占有取向对存在取向"这样的二分术语来探索人类处境的作

---

[1] Schaar, J. (1961). *Escape from Authority: The Perspectives of Erich Fromm.* New York: Basic Books, p.109.

[2] Fromm, E. (1980). *Beyond the Chains of Illusion: My Encounter with Marx and Freud.* London: Abacus, p.171.

者口中说出这样的话，似乎挺让人吃惊的。不过，同样重要的是，不要把这些二分法视为简单的选择，而要将其看成是辩证的选择，代表了相反方向的拉力以及两极之间的动态张力。

弗洛姆这些二分法表达的优势在于其明晰性。其危险来自这样一种诱惑，即简单地将他的观点视为"开悟之人"的特征："开悟之人"指的是那些选择"生"，表现出恋生性取向且朝着个性化发展的人（不同于那些人云亦云的发展中的庸人）。事实上，这样的区别可能掩盖了一些复杂的情况。通往我们人类潜能发展的道路不管怎么描述，都可能比我们从弗洛姆的观点中获得的印象要复杂得多。就像沙尔所说："弗洛姆的作品里有很多这样的不一致之处……于是，他的研究既紧张又充满了活力、斗志和胆量。结果就是，任何读者都可以在弗洛姆身上找到他寻找的东西。"① 毫无疑问，弗洛姆"非此即彼的"明确阐释让他的研究变得通俗易懂，而且从这个意义上说也有助于实现他的主要目的：提醒我们有必要更清楚地意识到我们存在的本质及其遇到的挑战。它们作为概念工具的优势一直都没有被人忽略。

我们该怎么理解弗洛姆有关个人自主性及传统的观点呢？他为什么认为一些传统的思想和价值观是一种倒退而且是不合理的？一个一直遵循熟悉的生活方式，即一直生活在舒适环境中的孩子，难道会不愿意做出合理的决定——决定待在他一直成长的地方并遵循同样的价值观和传统吗？这就意味着，似乎只有那些背离传统的人才能充分发挥其潜能——这是一个大胆的观点。鉴于弗洛姆自己曾与一些教条和传统决裂的情况，这一论断或许并不会让人觉得奇怪。

不过，对弗洛姆自己的思想来说，这也会引出一些难题。

---

① Schaar, J. (1961). *Escape from Authority*: The Perspectives of Erich Fromm. New York: Basic Books, p.7.

毕竟，弗洛姆提出的一些观点就来自传统的思想体系。这样的观点难道不也是一种"人云亦云"，而不是个性的表现（虽然它们是精挑细选出来的且更人性化）吗？在此，我们可以这样反驳：一个经过仔细考虑的选择（选择接纳哪些特定的观点）完全不同于盲目遵从一些思想框架（这些思想框架的目标与目的从未被人质疑过）。

从弗洛姆在自己的生活中与不确定性、不安全感及孤独感作斗争的经历，我们可以读出他对存在性需要的分析。弗洛姆记得，他在成长过程中目睹了第一次世界大战和纳粹政权的兴起。弗洛姆离开欧洲，去了美国，后来又搬去墨西哥，最后又回到欧洲。他经历与第一任妻子的分离，又经历第二任妻子的去世，这些回忆给他带来了各种挑战。如果勤于思考的弗洛姆在他的分析中没有将这些主题包括进去，那才会让人觉得奇怪。弗洛姆在自己生活中遇到的诸多挑战可能已经让他非常强烈地感觉到"无根"（rootlessness）的黑暗面。不过，虽然弗洛姆是生活在他那个时代的人，但他提出的那些问题确实触动了我们所有人。

正如我们所见，弗洛姆的一些定义可能是循环的。此外，还有一些领域可能会引出比它们能回答的问题更多的问题。我们可能不赞同弗洛姆提出的一些强烈的观点，并采取一种更为谨慎的立场。此外，弗洛姆的观点因其主要论点完全令人信服而具有很多值得称赞之处。极少有学者能够将我们生活中如此众多的方面结合到一起，同时关注到我们人的存在的矛盾对个体、人际关系及社会产生的影响。意识到我们人的肉身不仅脆弱而且终将一死，会让我们绝大多数人至少产生一定的焦虑感。因此，我们如何处理因这些存在问题和社会问题而产生的困境，当然会广受关注。弗洛姆接受了挑战，对他眼中的人性的本质及其对生活的影响进行了发人深省的分析。

第三章　爱：一种特殊的艺术？

在一本关于弗洛姆的著作中，关于爱和关系的章节应该占据特殊的位置，因为弗洛姆对爱全情投入，许多作品中都贯穿了爱的主题。根据那些认识弗洛姆的人的证词，爱也是弗洛姆自身人际关系的关键特征。就像我们从芬克和麦科比所描述的与弗洛姆之间充满热情、活力和能量的会面场景中看到的，弗洛姆显然是爱这种特殊艺术的大师。芬克回忆道：

> 无论何时，当我想更为充分地理解弗洛姆所说的创造性、作为［个体］自身力量的理性与爱、恋生性或存在方式的真正含义，我都觉得，回忆一下同弗洛姆会面产生的影响很有帮助。①

同样，弗洛姆的朋友，同时也接受弗洛姆督导的斯皮格尔（Rose Spiegel）也描述了弗洛姆"建立亲密关系的天赋"。②

---

① Funk, R. (2008). Direct Encounter with the Other. In R. Funk (Ed.). (2009). *The Clinical Erich Fromm*: *Personal Accounts and Papers on Therapeutic Technique*. Amsterdam-New York: Rodopi.

② Spiegel, R. (1980). A Touching of the Selves of Two Persons. In R. Funk (Ed.). (2009). *The Clinical Erich Fromm*: *Personal Accounts and Papers on Therapeutic Technique*. Amsterdam-New York: Rodopi.

　　爱在弗洛姆自身经验中发挥了重要的作用。弗洛姆的生活经历表明，他曾有过一些痛苦的经验教训，既不将爱也不将生命视为理所应当之事。弗洛姆曾认为，没有什么东西像丧失或者对迫近于丧失的恐惧那样，可以让我们正确评价什么对我们而言是重要的。弗洛姆曾患过严重疾病（1931年，弗洛姆患上了肺结核）。在纳粹德国，弗洛姆不得不担心自身以及家人的安全问题。这必定为弗洛姆敲响了警钟，提醒他人类生命的脆弱性。弗洛姆的第二任妻子亨尼生病后，弗洛姆对她的疼爱和照顾看起来似乎异乎寻常且令人感动。那些看着亨尼遭受剧痛却无力缓解其痛苦的年月，必定考验着弗洛姆的情绪力量。在亨尼去世之后，弗洛姆似乎经历了一次根本的改变，开始对抗无力与绝望的感觉，无疑也开始对抗孤独感。[1]

　　最终，弗洛姆从这些负面情绪中走了出来，并在一段新的关系中转化了它们。不过，弗洛姆仍继续探索有关生命脆弱性的主题。弗洛姆和他的第三任妻子安妮斯不得不面对一些威胁生命的状况。20世纪50年代，安妮斯患上了癌症。手术后，安妮斯康复了。之后，为了防止复发，安妮斯和弗洛姆一起——开始严格饮食。[2]弗洛姆自己也不得不面对进一步的健康不佳问题。1966年，弗洛姆第一次心脏病发作。弗洛姆与第三任妻子之间的关系看起来好像充满了强烈的情感与爱。20世纪70年代的观察者描述了这对上了年纪的夫妻之间令人感动的情感流露。[3]

　　可能正是这些个人经历，让弗洛姆高度重视生命、关系和

[1]　Silva Garcia, J. (1989). Erich Fromm in Mexico: 1950–1973. *Contemporary Psychoanalysis*, *25* (2), 244–257.

[2]　Funk, R. (2006). Liebe im Leben von Erich Fromm. *Fromm Forum* 11/2006. Tübingen: International Erich Fromm Society, p.16.

[3]　Funk, R., personal communication, July 2006.

爱。弗洛姆的存在性教训是通过痛苦的经历获得的，而且很可能是弗洛姆将这种痛苦经历转变为他特有的对待自身生活的乐观态度的方式，使他的观点变得格外可信。

理想的爱：成熟的爱与共生性结合

在 1956 年出版的《爱的艺术》中，弗洛姆明显赋予了爱在人际关系中的中心地位。就像我们在弗洛姆的作品中经常看到的，结构清晰、通俗易懂的写作风格使得他的思想观点易于理解。弗洛姆之所以能够做到这一点，一个原因是他总是尽可能一坐下来就记录下有关某一特定主题的想法。[①]《爱的艺术》（鼎盛时期的畅销书，被翻译成多种语言）一书表达了弗洛姆认为爱和同情在人际关系中具有根本重要性的观点，并鼓舞了全世界很多人。弗洛姆的理论观点不仅看起来有趣，而且是深思熟虑的结果，他的实践性建议通常都很合理。

正如我们在第二章中看到的，弗洛姆提出，如果我们意识到自己的有限性，很可能就会感到不知所措、孤独和寂寞。弗洛姆宣称，这种因孤独感而产生的不安便是"所有焦虑的根源"。[②]弗洛姆认为，这是一个根本的问题，比历史和文化的意义更为深远："人最深层的需要……是战胜分离感和离开孤独的牢笼的需要。"[③]弗洛姆用来解决存在性焦虑的方法总体上很明确。他说，**爱**是人类存在问题的答案。"这种想要获得人际关系融洽的欲望是人类最强有力的追求。"[④]或者："只有一种激

[①] Funk, R. (2008). Direct Encounter with the Other. In R. Funk (Ed.). (2009). *The Clinical Erich Fromm: Personal Accounts and Papers on Therapeutic Technique*. Amsterdam-New York: Rodopi.

[②③④] Fromm, E. (1975). *The Art of Loving*. London: Unwin Paperbacks, p.15, p.15, p.22.

情能够满足人们既想让自己与世界合为一体，又能获得一种完整且具有个性的感觉的需要，这种激情就是**爱**。"①

52　　这些陈述表明，弗洛姆在自己的生活中已经找到爱，而且热衷于传递这一要旨。当然，我们认为，这些观点是有待讨论，还是鼓舞人心，将取决于我们自己的价值观和远见。对于人际关系的重要性，弗洛姆显然采取了强烈赞同的立场。

　　在《爱的艺术》中，弗洛姆提出了一些理解人际关系的方法，并引出了两种截然相反的观点：**共生性结合**（symbiotic union）和**成熟的结合**（mature union）。弗洛姆指出，共生性结合可能是被动的（如在顺从或受虐倾向中表现出来的），也可能是主动的（以支配倾向或施虐倾向为基础），但这两种类型的结合都有一个共同的特征，那就是，双方都缺乏独立性，都没有带着个体的完整感来建立这段关系。共生性结合建立在相互需要与依赖的基础之上，双方都没有将一种安全的自我感带进关系之中。在《占有还是存在？》中，弗洛姆进一步探讨了这个观点。弗洛姆提出，那些以"占有"为基础，或者以采用"占有"模式贪婪地控制另一个人为基础建立起来的关系，常常会让关系充满冲突和嫉妒。创造性的爱和成熟的爱会让我们战胜分离感，同时依然能够保持自己的完整感和个体性，而不会像在共生性结合中那样产生非创造性的依赖。

　　弗洛姆概括出成熟的结合的一些特征。例如，从奉献自己的意义上强调"付出"的重要性。我们分享自己的理解与情感，意味着我们同时也让被分享者产生活力感。因此，弗洛姆提出："付出意味着让另一个人也成为付出者，而且他们双方都能分享生活给他们带来的快乐。"②

---

① Fromm, E. (2002). *The Sane Society*. Abingdon: Routledge Classics, p.30.
② Fromm, E. (1975). *The Art of Loving*. London: Unwin Paperbacks, p.27.

这些观点中有一些与"创造性性格"（参见第二章）的概念有非常密切的关系，后者认为付出是一种表达活力和快乐的方式。弗洛姆用他所说的最为"初级的"例子——性爱论证了这一点。在性爱过程中，夫妻双方都向对方交出他们自己以及他们的爱。弗洛姆认为，这种主动的付出与男性和女性都有关系：虽然在性爱过程中，男性看起来好像是更为明显的"付出者"，但不管在性爱过程中，还是最终以母亲身份表现出的行为中，女性也同样付出了她们自己。在弗洛姆看来，主动的付出也会表现为关爱和温柔：爱就是关心我们所爱之人的成长与发展。"没有这种主动的关心，就没有爱。"① "人们爱自己为之付出劳动的东西，也愿为自己的所爱付出劳动。"②

就像我们在第二章看到的，弗洛姆认为，这种主动的、理性的个体是创造性性格的典范。关于亲密关系，弗洛姆还强调"意志"的概念："爱一个人不仅仅是一种强烈的感觉——它是一个决定、一个判断、一个承诺。"③

53

爱的技巧

对于那些渴望建立爱的关联的人，弗洛姆提供了富有启发性的指导，即我们怎样才能获得爱的品质，拥有爱的技巧。不过，弗洛姆提醒《爱的艺术》的读者，不要指望从书中获得任何指示。虽然弗洛姆的目的是详细指出"爱的艺术的若干前提"④，但爱的真实体验需要每个人亲自去实践和体会。

弗洛姆认为，我们需要把爱当成一种"艺术"：一种我们因其自身而倍加珍惜的东西，一种我们可以在理论基础上进行反思的东西，最为重要的是，爱是一种我们必须实践才能熟练

———

①②③④ Fromm, E. (1975). *The Art of Loving*. London: Unwin Paperbacks, pp.28-29.

掌握的东西。就像其他艺术形式一样，我们需要将关注的焦点集中于那些边缘于最终产品的实践方面（就像一位音乐家在能够弹奏一首钢琴协奏曲之前需要先学习音阶一样）。作为这种实践的一部分，弗洛姆明确指出了三种基本的爱的技巧，以间接地促进我们学习爱的艺术。

第一种爱的技巧是**自律**（discipline）。弗洛姆提出，在现代社会，我们之所以觉得很难做到自律，是因为我们的生活被严格限制在了常规性工作与不工作时需要"懒散"之间。因为我们的闲暇时间都被这样一种"懒散"的欲望支配着，即可以做我们想做的任何事情，以试图逃避权威强加的要求，因此，我们缺乏自我约束的理性纪律，而理性纪律是避免混乱不堪且支离破碎的生活所必需的。与弗洛姆自己的生活模式（他每天会留出固定的时间进行自我反省和冥想）相一致，弗洛姆建议大家每天在固定的时间起床，每天在固定的时间进行文化活动和体育活动（听音乐、读好书、散步、冥想），避免沉溺于饮食，并限制花在"像阅读科幻小说和看电影这样逃避现实的活动"上的时间。①

除此之外，弗洛姆认为："不应该像执行由外界强加到个体身上的规则那样来执行纪律，纪律应该成为个体自身意志的表达。"② 因此，弗洛姆强调自律是一种健康的生活方式的规则。为了支持这一点，弗洛姆诉诸东方思想及其悠久的传统，承认"凡是对人好的东西——对他的身体和心灵来说好的东西——必定也是让人感到愉快的，即使一开始必须克服一些阻力"。③

这种观点与弗洛姆提出的**人本主义良心**（humanistic conscience）概念有关。弗洛姆声称，这个概念并**不代表**外在

---

①②③　Fromm, E. (1975). *The Art of Loving*. London: Unwin Paperbacks, pp.90–93.

权威和责任观念的内化。相反，它与我们的完整感以及对自我
发展的关注联系在一起，并引导我们做出以这些价值观为基础
的行为。① 不过，现代生活嘈杂不堪，这样的生活使我们无法
独处进行自我反思，从而导致我们无法倾听良心的声音。如果
我们不倾听这种声音，就会产生一种不适感，甚至有可能会出
现心理或身体的疾病。正如我们在第一章看到的，弗洛姆很长
时间以来都对身体健康与心理健康之间的相互影响深感兴趣。
（随着弗洛姆年纪渐长，他的评价变得越来越实际，这一点可
以从他以下的建议中看出来，即"我们可以认为，在你 60 岁
以前，所有的疾病都是心身疾病，在你 60 岁以后，你就必须
接受这样一个事实——你的身体衰弱了"。②）

要实践爱，第二种必备的爱的技巧是**专注**（concentration）。
弗洛姆给出了练习专注的具体建议：每天至少静坐 2 次，每
次 20 分钟，其间不要做任何像"读书、听广播、抽烟、喝
酒"这样让自己分心的事情，从而让自己充分地意识到"存
在"，也不要让自己受过去发生的事或未来计划的事的侵入性
思维的干扰。专注还包括培养我们对自己的敏感性，识别我
们自己的心理状态以及出现这种心理状态的原因。弗洛姆提
出，我们培养这种敏感性的基础是我们能够"倾听自己内心
的声音，这种声音会告诉我们……我们为什么会焦虑、抑郁、
恼怒"。③

弗洛姆还提倡我们在从事**所有**任务时都进行专注练习。不

① Funk, R. (Ed.). (1999). *Erich Fromm Gesamtausgabe Zwölf Bänden* (Band II). Stuttgart: Deutscher Taschenbuch Verlags-Anstalt, p.102.
② Maccoby, M. (2008). Fromm Didn't Want to Be a Frommian. In R. Funk (Ed.). (2009). *The Clinical Erich Fromm: Personal Accounts and Papers on Therapeutic Technique*. Amsterdam-New York: Rodopi.
③ Fromm, E. (1975). *The Art of Loving*. London: Unwin Paperbacks, p.97.

管我们做什么，在某一特定时刻，都要将全部注意力集中到我们所做的事情上——这也是倾听的一个本质方面。弗洛姆尤其建议那些彼此相爱的人进行这种专注练习。这种专注练习要求个体将全部注意力都放到对方身上，而不是老想着我们接下来要说什么或做什么。

弗洛姆宣称，在我们的文化中，繁忙喧闹的日常生活常常会让我们觉得难以达到这种专注水平。独处和静心是很难得的品质。我们可以认为，对我们这个时代来说，独处和静心是非常重要的品质（在我们这样一个充满竞争的社会，人们将挤出来的时间都放在个人发展以及与工作和私人领域相关的事情上了，因此而产生的压力通常会削弱这种类型的专注）。在第七章，我们将更为深入地探讨这些倾向。

第三种爱的技巧——**耐心**（patience），像前两种爱的技巧一样，第三种爱的技巧也违背了弗洛姆生活的那个时代（以及我们这个时代）快速且从不停歇的步伐。我们提倡利益最大化的经济体制，工作和交通方面越来越强调速度的观念。在弗洛姆看来，这违背了建立爱的关系所需要的品质。

弗洛姆不仅给我们提出**应该**如何做的建议（自律、专注和耐心），还非常明确地告诉我们应该避免哪些事情。例如，弗洛姆提出，琐碎的谈话——"不是真正的对话"①——心不在焉的闲聊，不利于自律或爱。弗洛姆用一种强烈的判断性语气提出，我们应该避开这些坏的影响（弗洛姆所说的坏的影响是指那些持有消极的破坏性观点的人或者"像僵尸一样的人……他们的灵魂已死"②）。我们在与这样的人打交道时至少应该采取一种更为积极的转换方式，反驳那些陈词滥调，而且不卷入更多消极的琐事之中。

①② Fromm, E. (1975). *The Art of Loving*. London: Unwin Paperbacks, pp.94–95.

成熟的爱的品质

那么，自律、专注和耐心的爱的技巧是怎样发展而来的呢？弗洛姆提出，我们在爱的道路上需要将关注的焦点集中于一些特定的要素。第一个要素就是**客观性**（objectivity）。这在爱的背景下似乎成了一种相当奇怪的特征。弗洛姆将"客观性"界定为"自恋"的反义词。在自恋性关系中，我们只能在他人与自己的关系中看待他人，而不能仅根据他们自己的个性来看待他们是谁，是干什么的。例如，一个孩子会被看作是她父母的骄傲，一个丈夫会因为不符合妻子的完美形象而被认为毫无用处。弗洛姆所说的"客观性"指的是一种"客观地看待人和事物的本来样子，而且能够将这个客观的画面与由个人的欲望和恐惧形成的画面区分开来"的能力。[①] 弗洛姆相当悲观地把"客观性"视为例外，并宣称"通常情况下都存在某种程度的自恋性歪曲"。[②]

不过，弗洛姆建议将人们看成"其本来的样子"，这一观点也有其自身的问题，通常也要面临其自身的挑战。两名观察者很可能会以不同的方式看待同一个人。我们如何判断谁的看法存在"客观性"呢？用弗洛姆的话来说，"客观性"意味着采取一种深思熟虑的方法，并意识到我们自己的动机、欲望和弱点。这意味着我们在审视自己与他人的关系时应在相当程度上对自己诚实。

"客观性"取决于另外两种品质，这两种品质是爱的先决条件。弗洛姆根据个体的思维过程，将个体客观思考的能力称为**理性**（reason）。有关个体对"客观性"的情绪立场，弗洛姆

56

---

①②   Fromm, E. (1975). *The Art of Loving*. London: Unwin Paperbacks, pp.98-100.

提出，**谦卑**（humility）是一种基本的态度。从我们不将自己视为宇宙的中心，能够现实地看待自己，而且"不再像小时候那样总是做着自己无所不知、无所不能的梦"的意义上说，[①]这里面不包含自恋心理。

弗洛姆认为，爱、客观性、理性和谦卑是不可分割的。一旦我们发展出这些能力，我们在生活中对待自己、他人、家人和局外人时就会坚持以爱为导向。虽然个人关系显然是表达爱的核心所在，但弗洛姆强调个体、个人关系及更大圈子之间的密切关系："如果我真正爱一个人，那么我就会爱所有人，爱这个世界，爱生活。"[②]"爱一个人意味着爱这个人本身。"[③]弗洛姆宣称："如果一个人想在客观性方面对他所爱之人有所保留，而且认为自己在与世界的关系中也能将客观性弃在一旁，那么他很快就会发现自己在这两种关系中都将以失败收场。"[④]这让我们想到弗洛姆的观点，他认为，爱是一种对待生活中所有方面（从个人关系到更为广泛的政治问题）的取向。

第二个要素是对另一个人的**信任**（faith），"确信他的基本态度、他的人格核心以及他的爱的可信性和不可改变性"。[⑤]弗洛姆澄清指出，这并不意味着天真地假设有人一直站着一动不动且永远保持不变，而是坚信，他对待生活的基本立场是他自身的一部分，而且不会改变。[不过，值得一提的是，弗洛姆通常并不认为人不能改变，而是提出了这样一个假设：人是有可能发生根本转变的。证明这一点的最为明显的例子很可能是，他对希特勒纳粹摧毁机器中的关键人物斯佩尔（Albert Speer）的性格取向的评估。第二次世界大战后，弗洛姆仔细审视了斯佩尔的生平经历以及他在狱中写的信件与做的梦，由

---

①②④⑤　Fromm, E. (1975). *The Art of Loving*. London: Unwin Paperbacks.
③　　　Fromm, E. (2001). *The Fear of Freedom*. Abingdon: Routledge Classics, p.99.

此得出这一结论：破坏性的性格确实能够发生改变。①]

第三个要素是**勇气**（courage）。弗洛姆所说的"勇气"指的是我们应该做好冒险的准备并接受失望，而不应该因为害怕痛苦，为了避免痛苦而畏首畏尾。在弗洛姆看来，爱与**活力**（activity）有关，弗洛姆强调活力和好奇心的重要性："爱的能力需要一种强烈、清醒、活力增强的状态，而这种状态只能是在其他众多生活领域中坚持一种创造性、主动性取向的结果。"②

弗洛姆在《爱的艺术》中得出一个有趣的结论，将一开始主要关注的人际关系分成了两个不同的领域：一个是**个人领域**（personal domain）——强调每一个人在其自身内部发展出弗洛姆视之为爱的先决条件的特征与品质的重要性；另一个是**社会领域**（societal domain）。弗洛姆提出：

> 因此，那些非常关注爱并将爱视为回答人类存在问题的唯一理性答案的人，必定会得出这样的结论：如果爱成了一种社会现象，而不是一种高度个人化的边缘现象，那么社会结构就必须进行重大且根本的变革。③

说完这个，弗洛姆就为进一步探讨如何创造社会条件作好了准备，这些社会条件支持一种爱的取向的发展。下文将对此进行概述，而且这也是第五章将详细讨论的内容之一。

① Tauber, E. S. (1980). A Man Whose Words are Ways. In R. Funk (Ed.). (2009). *The Clinical Erich Fromm: Personal Accounts and Papers on Therapeutic Technique*. Amsterdam-New York: Rodopi.
②③ Fromm, E. (1975). *The Art of Loving*. London: Unwin Paperbacks, p.106, p.109.

爱的类型

如上所述，弗洛姆认为爱是一种总体的生活取向。弗洛姆提出了有利于发展与他人建立创造性关联之能力的一般品质与技能。弗洛姆分析了以下三种不同的爱的类型。

博爱

弗洛姆认为，作为**博爱**（brotherly love）基础的人本主义团结（humanistic solidarity）是所有类型的爱的基础。博爱的特点是平等，关爱和同情的大厦正是在平等的基础上建立而成的。博爱是一种包容型的关系，意味着联合与团结。博爱的基础是一种为人的基本经验，在脆弱的状态中彼此相爱是人类处境的一部分。我们每个人在某个时刻都是同情他人者或被他人同情的："我们每个人都需要帮助。今天是我，明天是你。"①这种对待局外人像对待自己的兄弟姐妹一样的爱，是我们需要发展的基本品质。弗洛姆的论述中让人耳目一新且令人感动的是真正的人本主义平等意识，这种平等意识是弗洛姆论述的基础。在博爱中，没有人会居高临地以一种家长式的口吻屈尊俯就地号召帮助"那些不太幸运的人"，而且重要的是，我们和他人一样，都有自己的优点和自主性。

舒尔茨（H. J. Schultz）深刻地描述了他以及其他许多与弗洛姆接触过的人是怎样被弗洛姆根深蒂固的人本主义信念触动的："认识到我们脆弱存在的普遍性，能帮助我们发展出一种与所有生物团结在一起的感觉，并让我们产生一种同情和关怀

---

① Fromm, E. (1975). *The Art of Loving*. London: Unwin Paperbacks, p.45.

的感觉。"①

母爱

弗洛姆分析的另一种爱的类型是**母爱**（motherly love）。弗洛姆从根本上区分了母爱与父爱的主要特征。母爱代表的是"不管怎样都爱"的无条件之爱，而父爱则代表了有条件的爱，取决于父亲认为的孩子实现期望和履行责任的程度。为了避免刻板的预期，弗洛姆指出，我们必须将这视为一般的态度，而不是给特定个体的指示。不是所有的父亲在与子女的互动中都一直遵循父爱原则，也不是所有母亲能一直表达母性的无条件的爱。弗洛姆强调在父爱原则与母爱原则之间保持平衡的重要性。之所以要在父爱原则与母爱原则之间保持平衡，一方面是为了避免过于苛刻的评价，另一方面则是为了避免判断的缺失。

在分析这个问题时，弗洛姆借用了巴霍芬有关母性原则与父性原则的人类学描述，以及这些原则在个体和社会层面的运作方式。父性原则不仅包括理性、纪律等积极方面，也包括等级、压迫等负面的可能性。相反，母性原则包括自由、平等等肯定生命意义的积极的一面，也包括消极的一面，表现出退行的现象——由于一直与宗族血脉拴在一起，因此我们无法发展个性与理性。

弗洛姆之所以选择将关注的焦点集中于母爱，并在此背景下进行更详细的分析，是因为他在母亲与孩子的关系中看到了一种爱的取向的开端。这种爱不仅满足孩子的需要，而且肯定孩子自身，并向孩子灌输对生命本身的爱。发展心理学的研究

59

---

① Schultz, H. J. (2000). Erich Fromm: Humanist ohne Illusion—Eine Hommage. *Fromm Forum* 4/2000. Tübeingen: International Erich Fromm Society.

证实了其中的一些观点，表明母亲与孩子之间依恋类型的性质确实能够为后来的关系设定基调。①

与博爱不同，母爱通常依赖一种极不平等的关系，在这种关系中，母亲似乎一直在给予，而无助的婴儿则始终是母亲关注和照顾的对象。弗洛姆很可能是根据他自己的童年经历，提出这个充满爱的母亲最终需要支持分离，让孩子走自己的路，而且重要的是，母亲还需要继续爱着她的孩子。弗洛姆宣称，如果母亲以自我为中心，那么她只能这样做。在弗洛姆看来，即使这种看似更具排他性的关系，也会波及更大的圈子，因为这个充满爱的母亲也将在更为一般的意义上关心孩子（这是一种想培养无助的孩子，与他人分享爱的愿望）。

性爱

弗洛姆认为，**性爱**（erotic love）具有排他性。不过，这只是从与一个人实现全面而强烈的"融合"②的意义上说的。弗洛姆有关成熟性爱的观点表明："这种对另一个人的爱体现的是对全人类以及所有活着的事物的爱。"③弗洛姆将性爱与那些更虚幻的爱做了对比：性爱就是因占有性依恋或仅以性欲为基础产生的"爱"。弗洛姆提出，性爱本身可能会被多种原因激起，而爱只是其中的一种原因。性爱还可能被"想征服他人或被他人征服的愿望和虚荣心，想伤害他人甚至摧毁他人的愿望"④激起。弗洛姆宣称，温柔的品质（与"博爱"的平等和尊重的感觉有关）便是与更深层次的爱区分开来的所在，据此便可以解决从非创造性的狂欢性结合中分离的问题（下文概述）。

① Oates, J., Lewis, C., & Lamb, M. E. (2005). Parenting and Attachment. In S. Ding & K. Littleton (Eds.). (2005). *Children's Personal and Social Development*. Oxford: Blackwell.

②③④ Fromm, E. (1975). *The Art of Loving*. London: Unwin Paperbacks, p.49.

对 21 世纪的读者来说，这听起来可能有点老生常谈和唯心。不过，当将这些观点放到提出它们的背景中，我们就可以清楚地看到，弗洛姆认识到了人类关系中的一些矛盾方面，并力求进行一种有趣的整合。一方面，从我们所有人都可以被看作是一体的、平等的（就像"博爱"所表明的那样）这个意义上说，人类处境根本的存在性方面确实可以共享；另一方面，我们每一个人也都是独特的个体，而且我们都与性爱有关联，"性爱需要一些具体的、高度个体化的元素，这些元素存在于某些人之间，而不是所有人之间"。①

男性与女性之间的关联

弗洛姆强烈反对更为传统的弗洛伊德学派的心理动力观，后者假定爱，尤其性爱，是本能驱动的。

弗洛姆将本能论（instinct theory）描述为"给正统精神分析理论戴上的紧箍……它……拖慢了进一步理解人类激情的进程"。② 弗洛姆认为，本能驱力关注的焦点——尤其是弗洛伊德对性欲或力比多的强调——事实上消极地影响了我们对那些在弗洛伊德和弗洛姆看来真正重要的问题的理解：我们的情绪、爱恨的本质，它们在人际关系中导致冲突和不幸的方式，以及在弗洛姆看来，它们是怎样与我们的存在性需要相联系的。

弗洛姆认为，弗洛伊德的观点是对爱之本质的误解。弗洛姆提出，弗洛伊德错误地"将爱仅仅看作是性本能的表现或升华，而没有认识到性欲望其实是爱和团结需要的一种表现"。③

① Fromm, E. (1975). *The Art of Loving*. London: Unwin Paperbacks, p.41.
② Fromm, E. (1997). *The Anatomy of Human Destructiveness*. London: Pimlico, p.125.
③ Fromm, E. (1975). *The Art of Loving*. London: Unwin Paperbacks, p.35.

事实上，弗洛姆甚至指责弗洛伊德对性的理解不够深入。弗洛姆坚定地强调关联性质（而不是获得力比多满足）的重要性。他强调，精神分析要将其关注的焦点从生物学领域转移至一个更具存在性的领域，这一点很重要。

弗洛姆宣称，弗洛伊德严重误解了性功能与性格的女性方面及男性方面的性质。他认为，弗洛伊德的观点与那些产生自父权制的过时观念有关。这导致弗洛伊德从一种男性主导的视角分析性欲，而女性的性欲在很大程度上被忽视了。对于弗洛伊德这样一种观点，即男性会将女性看成是被阉割了的男性，而女性会遭受阴茎妒羡的折磨，弗洛姆也提出了批评。在弗洛姆看来，有助于塑造我们的是**关系**（而不是生物驱力）。弗洛姆对于弗洛伊德有关爱和性欲之观点的论断，集中体现在他对弗洛伊德所做的一个梦的解释中。在这个梦中，他（弗洛伊德）看到了一朵曾在植物标本馆展出的干花。弗洛姆将这朵干花解释为爱和性欲的象征。弗洛伊德没有将关注的焦点集中于这些情绪具有的创造性活力上，而是试图以一种科学的、冰冷的和客观的方式研究它们。① 要不然的话（或者很可能是一种补充），这可能也反映了弗洛伊德自己婚姻中性的缺乏，而那朵干花则代表了此时遥不可及的对过去快乐的回忆。②

弗洛姆提出，男性与女性之间的一些差异通常源于性关系中的不同功能。男性常常强调成就与雄心，他们的焦虑往往与"操作失败"有关。而对女性来说，吸引力和依赖性是更为重要的关注点，她们的恐惧主要与"美的丧失"有关。不过，虽然弗洛姆将这些倾向与基于性的"自然"差异联系到了一起，但

61

① Fromm, E. (1999). *GA IX Sozialistischer Humanismus und humanistische Ethik* (1972, Der Traum ist die Sprache des universalen Menschen—Radio talk).

② Stevens, R. (2008). *Sigmund Freud: Shaper of the Unconscious Mind*. Basingstoke: Palgrave Macmillan.

他也强调，这些倾向现在与社会规范和经济压力有密切联系。依赖性是女性心理的一个特征，雄心是男性取向的一个部分，这些更可能是父权制经济结构导致的结果。弗洛姆还尽力让自己不做任何简单直接的分类，并将两性之间的差异比作音乐的调子，它们提供了所有的音调，但无论如何也不能决定具体的曲调。由于男性和女性首先都是人，他们拥有同样的存在性恐惧，都需要建立关联，因此强调两性之间的共同性更为重要。

此外，弗洛姆还不赞成他那个时代的一些思想。弗洛姆认为，这些思想暗含了这样一种观点，即平等意味着一模一样。在弗洛姆看来，在成熟的爱中，男性和女性互相补充。弗洛姆认为，不管从生物学还是心理学的角度看，"异性"的吸引都是性结合的一个关键特征。弗洛姆将男性和女性之间的这种极性（polarity）视为创造性的基础，这一点不仅从生物繁衍的意义看非常明显，而且从心理学的意义看也很明显。"在男人和女人之间的爱中，他们每一个人都获得了新生。"①弗洛姆还强调，在作为个体的男人和女人身上，建立关联的男性方式和女性方式都存在。"就像从生理学的角度看，男人和女人身上都存在异性的荷尔蒙一样，他们从心理学的角度看也是双性的。"②弗洛姆试图支持这种从生物学观点跳跃到心理学观点的推测，将其与自然界中的极性（例如，黑暗与光明）以及东方文学中有关这些极性的诗意描写联系到了一起。

同性之爱

如果这种极性从生物学的角度看不像在同性伴侣身上那么明显，那将会发生什么呢？在《爱的艺术》一书中，弗洛姆

①② Fromm, E. (1975). *The Art of Loving*. London: Unwin Paperbacks, p.34.

62　　用相当简短的篇幅探讨了同性恋（homosexuality）。他认为同性恋是因为"……无法获得这种极性结合"而导致的"偏离"，其结果是，"同性恋者会因永远无法解决的分离痛苦而备受折磨，不过，这是他和没有爱的能力的普通异性恋者都会遭遇的一种失败"。[①] 这很可能是弗洛姆证明自己是那个时代的杰出人物的一个领域。2006年，英国同性伴侣为庆祝官方对他们结合的承认而拍摄的欢乐照片传达的是真正的承诺和关怀，而不是失败。我们可以将弗洛姆对弗洛伊德的评论运用到他自己身上：50年过去了，性方面的道德已经发生改变。因此，在这个方面，弗洛姆的观点——像弗洛伊德的观点一样——需要放到特定的文化背景中看待，他的一些观点的普遍有效性也因此被质疑。

　　我们可以认为，弗洛姆在有些方面超前于他所在的那个时代。在一篇题为《精神分析中同性恋观念的转变》（*Changing Concepts of Homosexuality in Psychoanalysis*，发表于1940年）的文章中，弗洛姆明确提到了社会规范的改变，以及社会对同性恋的容忍度的提升，尤其是对女同性恋者。与弗洛伊德不同的是，弗洛姆强调考虑个人关系细节的重要性，而不只考虑性关系。同性恋本身可能既包括积极的方面，也包括消极的方面，这取决于每一个个体处理关系的方式。弗洛姆提出，对于那些有同性恋倾向的人来说，社会歧视常常是他们遭遇到的最主要问题。1970年，一个年轻人因自己对其他男人的吸引力而感到困扰，他为此联系了弗洛姆，弗洛姆在回信中建议他反思并分析一下他自己除了对他人反应的恐惧之外，还有什么感受。弗洛姆强调，我们不应该把同性恋看成是一种恶性症状。弗洛姆指出，同性恋者的数量可能比有爱的能力的异性恋者

---

① Fromm, E. (1975). *The Art of Loving*. London: Unwin Paperbacks, pp.33-34.

还要多。不过，弗洛姆最终还是把同性恋描述成生活中的一个"限制性"因素。[1]

自爱

在对**自爱**（self-love）的探索中，弗洛姆首先概述了将自爱与自恋区分开来的重要性。这种区分特别重要，因为在犹太-基督传统的某些方面，自爱常常被视为消极的。弗洛姆指出，"自私不等于自爱，而是正好相反"。[2]弗洛姆强调，我们绝不应该将自爱（爱自己）和他爱（爱他人）看成是相互排斥的。弗洛姆指出，自爱和他爱植根于同样的关注点，而且力求发展和成长为一种他爱。在接受众生平等的同时，"我"也是众生中的一员，需要对自己表现出尊重和关心（像对其他人表现出的那样）：我们需要将生命根植于肯定的因素，诸如爱自己的幸福、成长和自由。相反，自私的人通常会对生活以及他们自己表现出不那么尊重的态度，而且常常有空虚感和挫败感。弗洛姆的一些观点来源于 M.埃克哈特的教义，弗洛姆常常从 M.埃克哈特的教义中寻找灵感。在《爱的艺术》中，弗洛姆从 13 世纪和 14 世纪的多米尼加神秘主义者和神学家那里引用了下面这样一段话。

> 如果你爱你自己，你就会像爱你自己那样爱其他所有人。只要你对另一个人的爱比你对自己的爱少一点，那你将不能真正地爱自己，但如果你同等地爱所有人（包括你自己），那你将像爱一个人一样爱他人，而那个人既是上

[1] Fromm, E. (1999). *GA XII Psychoanalyse und Kunst des Lebens, Schriften aus dem Nachlass, Register der Bände XI und XII* (1940, Changing Concepts of Homosexuality in Psychoanalysis, German version translated by R. Funk), pp.537–538.

[2] Fromm, E. (2001). *The Fear of Freedom*. Abingdon: Routledge Classics, p.100.

帝，也是人。因此，爱自己的人通常是一个伟大而正直的人，他对其他所有人都一视同仁。①

弗洛姆在《爱的艺术》中提到的最后一种爱是**神爱**（love of God）。弗洛姆看到我们与上帝的关系同其他关系之间的相似之处，那就是，它们都力求走向团结。像其他类型的爱一样，神爱（爱上帝）是解决存在性焦虑和分离之必要性问题的答案。不过，既然本章关注的具体焦点是人际关系，因此我们不打算在此分析弗洛姆有关宗教的观点。感兴趣的读者可以去看第五章和第七章有关弗洛姆对于"不同的宗教是怎样成为我们应对存在性需要的符合社会情境的答案"的历史分析的讨论。

逃避存在性焦虑的非创造性方法

在《爱的艺术》中，弗洛姆强调了人们试图逃避因分离感而产生的焦虑的较不成功而且常常是暂时性的方法，这成了他探索个人、关系，尤其是社会背景方面存在的困难的基础。

第一种逃避存在性焦虑的方法是几近恍惚的狂欢状态。这种几近恍惚的狂欢状态的一个例子是酗酒、药物成瘾等。弗洛姆提出，酗酒和使用药物会缓解分离感，但一旦不酗酒、不使用药物，个体就会感到内疚和更加孤独。这将促使个体继续使用药物并增加药物使用量——而与此相矛盾的是，个体将减少任何建立更为有效的关联（这种关联可以帮助个体以一种不太具破坏性的方式应对焦虑）的机会。这种几近恍惚的狂欢状态的另一个例子是不带有任何爱、关怀和尊重的性高潮。在弗洛姆看来，这种性高潮会让个体短时间缓解焦虑，但不会给他带

① Fromm, E. (1975). *The Art of Loving*. London: Unwin Paperbacks, p.56.

来任何情感更为强烈且具有创造性的关联。"没有爱的性行为绝不能缩短两性之间的距离，除非在短时间内。"① 在《占有还是存在？》中，弗洛姆宣称，从获得短暂"高峰体验"的意义上追求性快感，最终只会导致明显的失望。弗洛姆还将此与持续时间更为长久的快乐体验做了对比。在扎根于"存在模式"之爱的取向的良好关系中，我们可以看到这种持续时间更为长久的快乐体验。②

第二种逃避存在性焦虑的不成功方法（虽然这种方法更为平静和持久）是通过在遵循工作常规、追求快乐和力求"一模一样"的过程中表现出**群体服从**（group conformity）获得的。在简单的"关闭"我们的恐惧并屈从于日常生活琐事的过程中，我们暂时避开了焦虑，但却将面临一场糟糕的交易。个体为了获得这种安全感付出了失去个性和活力的代价，而个性和活力在弗洛姆看来正是发展成熟的爱所必不可少的品质。

我们经常用来逃避存在性焦虑的第三种不成功的方法，乍看上去似乎更有前景。当我们在弗洛姆列出的不成功的方法的名单上看到**创造性活动**（creativity activity）一词时，一开始可能会感到非常吃惊。弗洛姆用"创造性活动"来描述艺术家或工人沉浸于创造新产品时获得的整体感。在现代"无中生有"的 ③ 工业中，我们当中许多人的日常工作是处理电话和邮件，他们很少有机会专注于创造和欣赏一件完整的成品，因此这样的经验或许极为罕见。不过，即使在这种创造性活动中，弗洛姆依然认为，工人与物品之间的结合并不能完全满足我们的存在性需要。"完整的答案在于获得人与人之间的结合，在于获

① Fromm, E. (1975). *The Art of Loving*. London: Unwin Paperbacks, p.18.
② Fromm, E. (1979). *To Have or To Be?* London: Abacus, p.118.
③ Leadbeater, C. (1999). *Living on Thin Air: The New Economy*. London: Viking.

得与另一个人的融合，在于**爱**。"①

爱的社会背景

65　　　逃避存在性焦虑的不成功的尝试，在弗洛姆对当时社会背景下的爱的分析中极具特色。弗洛姆提出，现代社会对爱的处理方式是错误的。我们太过频繁地将关注的焦点集中在被爱而不是爱上。我们在处理关系方面已变得太过自恋和自我中心。此外，一个看重市场和商品交换的社会对待爱的态度就像是对待一次经济交易（"我能从中得到什么好处？"），而不是把爱看成一种能够促使我们进一步成长和发展的能力。弗洛姆提出："我们当前对'公平'的强调也没有抓住要领。"在弗洛姆看来，爱和公平之间存在很大的差异。爱意味着与他人的团结和对他人的关心，而公平则意味着在交换中采取一种更为客观、冷静的权衡态度，而且在其中，我们可能更关注我们自己的交易目的。认为"这不公平"这样的抱怨，通常因这样一种感受而激发，即**我们**得到的还不够。

　　在对第二次世界大战后西方社会背景下的爱的分析中，弗洛姆仍然毫无保留地批评。弗洛姆假设，文化在塑造各种关系（包括人际关系）方面，通常会起相当大的作用。在该假设的基础之上，弗洛姆声称，真正的博爱、母爱和性爱已经被**伪爱**（pseudo-love）取代——而且，他还评论了**爱的瓦解**（disintegration of love）。弗洛姆提出，构成资本主义社会基础的价值观与爱的基本原则彼此不相容。注重商品交换的资本主义价值观使得人们特别看重财产和收益，并导致在常规化的空

---

① Fromm, E. (1975). *The Art of Loving*. London: Unwin Paperbacks, p.22.

虚环境中各种关系的异化。这产生了一种社会性格，即人注重展示自己的市场竞争力和交换价值，甚至希望与伴侣之间也是一种公平的交换或交易关系。在大多数情况下，结果是：

> 两个人之间的关系顺畅，但他们终生都是局外人，永远都不能建立一种核心关系（central relationship），而是彼此彬彬有礼、相敬如宾，而且试图让对方感觉更好一些。①

弗洛姆是这样描述这种因利润动机和惯例而建立的关系的，即"自私自利⋯⋯这种关系⋯⋯常常被误认为是爱和亲密"。②

弗洛姆批评了社会中普遍存在于图书、歌曲、电影里的有关**浪漫的爱**（romantic love）的影响深远的叙事。这样的叙事鼓励我们看重和期待被动的"陷入"爱情，并让我们带着言过其实和不切实际的期望建立关系。在很多情况下，这样的关系注定会失败。弗洛姆用**盲目崇拜的爱**（idolatrous love）作为伪爱的一个例子。我们在言情小说中经常可以看到这种类型的爱，在这些小说中，一种强烈的"爱情"关系得以建立的基础是：一方将另一方视为一切美好与善良的化身。这些叙事意味着，"崇拜者"已经丧失了自我感，也不知道作为个体的自己是谁，而那个被如此强烈崇拜的人却没有机会去实现如此高的期望。弗洛姆宣称，在这样的关系中，理想幻灭和失望是预先就注定的。

在读书、看杂志或看电影时，我们会遇到这种情形，即伴侣双方成为其他亲密关系的旁观者，弗洛姆对此同样持消极

66

---

①② Fromm, E. (1975). *The Art of Loving*. London: Unwin Paperbacks, pp.75-76.

的观点。弗洛姆认为，这通常会让一对夫妻异化真爱的"此时此地"的方面——爱成了一种替代性的体验。相反，弗洛姆认为，爱是一种有活力的活动：我们"站在"爱情里，而不是"陷入"爱情里 ①——或者，我们甚至可以用这个隐喻来进一步理解爱的发展，即我们通常会"走进"或"进入"爱情里。

弗洛姆的批评还指向了围绕关系的常识神话——例如，认为爱就意味着**没有冲突**的观点。冲突有助于澄清伴侣中每一方的立场，冲突有益于关系的进一步发展和成长。现在，其他研究者也指出，某种程度的冲突有助于共同建构一种同伴关系，这进一步证实了弗洛姆的一些论断。弗洛姆宣称，"两个人只有从存在的中心出发进行沟通，爱才有可能出现"，这与罗杰斯（Carl Rogers）提出的亲密关系中良好沟通之重要性的观点极为相似。②

弗洛姆认为，有关**亲密关系的持续时间和亲密关系的终止**的极端观点是一种谬误："那种认为如果不经营，亲密关系就很容易破裂的想法，和那种认为任何情况下亲密关系都不会破裂的想法一样，都是错误的。"③换句话说，亲密关系的确需要努力经营，但维持一种不可挽回的空洞关系却没有益处。鉴于弗洛姆自己的生活经历，我们同样也不应该对他得出这样的结论感到太过吃惊：虽然在后两次婚姻中，婚姻关系一直持续到了最后，但在弗洛姆与赖希曼的婚姻中，弗洛姆感觉到两人之间的距离越来越大。

弗洛姆认为，他所处的社会还有一个消极方面，那就是**过于关注性**。弗洛姆提出，这往往是徒劳地寻求暂时缓解孤独感带来的结果，或者这是一个技术问题：团队合作以获得相互的

---

①②③　Fromm, E. (1975). *The Art of Loving*. London: Unwin Paperbacks, p.76.

满足。弗洛姆指出："爱并不是充分的性满足带来的结果，但性幸福……是爱的结果。"① 因此，对于夫妻来说，致力于个人发展和建立关联要比提升性技巧重要得多。理想状态下，这种情况会发生在一个重视这些品质而不过分强调个人收益和利益的社会中。

弗洛姆认为，性是"生命的一种表现形式"。② 弗洛姆觉得，他们当时社会所持的更为开放的态度比以前的压抑和双重标准更为可取。不过，弗洛姆仍然批评了他看到的"一夜情"现象。弗洛姆认为，这样的关系缺乏人与人之间的亲密感。③ 在摇摆的 20 世纪 60 年代呼吁性解放的背景下，这些观点必定会被人们视为具有挑战性。不过，当时这些观点的流行（《爱的艺术》成了畅销书）似乎支持了弗洛姆的观点，即我们当中有许多人确实一直（包括过去和现在）在寻找一种更为深层的个人意义和关联感。

评价弗洛姆关于爱的观点

探索弗洛姆有关关系的观点，使我们提出与第二章讨论的那些观点相似的批评。弗洛姆的思想建立在大量个人经验、专业观察，以及一些来自哲学、宗教和文学的相关观点的基础之上。这将会让那些要求用更具体的统计证据或经验证据支持所有观点的人感到不满。

不过，弗洛姆强调了爱和关系在我们生活中发挥的重要作用，以及对我们的幸福产生的重要影响，这无疑在后来的研究中得到进一步证实。例如，在身处逆境之时，积极的关系和社

---

① Fromm, E. (1975). *The Art of Loving*. London: Unwin Paperbacks, p.76.
②③ Fromm, E. (1994). *The Art of Listening*. London: Constable, pp.84–85.

会支持会对我们产生重要的缓冲影响，[1] 而且在我们的幸福体验中发挥重要的作用。[2]

还有一些批评指向了弗洛姆没有考虑生物因素的影响，他提出的爱的概念，以及他对于某一社会背景下的关系的分析。

弗洛姆低估了**性行为和性经验的生物学基础**。在这个方面，他遭到了两大阵营的挑战。

一个阵营是传统的弗洛伊德学派的精神分析学家。正如我们所看到的，弗洛姆转变了精神分析观。弗洛姆考虑的是存在性问题，而不是力比多压力。许多传统的精神分析学家认为，这一步迈得太远了，因为它放弃了弗洛伊德理论的关键原则。另外，就像伯斯顿所提出的，由于抛弃了弗洛伊德的力比多理论，弗洛姆可能会被人谴责说他忽视了性驱力的强大作用，以及它们在激发我们的行为方面发挥的作用。[3]

另一个阵营是进化心理学家[4]，他们也加入了批评的行列。进化心理学家提出，弗洛姆没有充分强调行为的生物功能性。如前所见，弗洛姆确实认为，男性和女性之间存在差异，男性更为担心的是其自身的操作失败，而女性更为关注的是自身的美的丧失，想让自己富有吸引力。弗洛姆将这些模式与性交时的行为及焦虑联系了起来，但同时强调，社会对于典型的男性行为或典型的女性行为的期望也会起到非常重要的作用。

---

[1] Rini, C., DuHamel, K., Ostroff, J., Boulad, F., Martini, R., Mee, L., ... Redd, W.H. (2008). Social Support from Family and Friends as a Buffer of Low Spousal Support among Mothers of Critically Ill Children: A Multilevel Modelling Approach. *Health Psychology*, 27 (5), 593–603.

[2] Argyle, M. (2001). *The Psychology of Happiness* (2nd ed.). Hove: Routledge.

[3] Burston, D. (1991). *The Legacy of Erich Fromm*. Cambridge (Mass.) and London: Harvard University Press.

[4] Christopher Badock. (2000). *Evolutionary Psychology: A Critical Introduction*. Cambridge: Polity Press.

进化心理学家对于这些差异的论述似乎更有说服力。他们指出，弗洛姆描述的各种倾向从某种程度上说是正确的。不过，它们的根源更可能在于行为模式，在过去的进化过程中，这些行为模式给我们提供了一种复制的优势，因此延续了与其相联系的基因。一方面，由于女性对于性结合之结果——怀孕、照顾小孩——的投入要比男性高得多，因此进化压力会使她们倾向于选择那些物质条件优越、社会地位较高且更可能照顾她们及其小孩的男性。因此，女性在选择伴侣时会更加谨慎，她们通常会很看重**关系**（relationships），而不是短暂的性接触。另一方面，男性能够让很多伴侣怀孕，为了最大限度地使其基因繁殖成功，他们往往会寻找多个富有魅力的年轻伴侣。巴斯（David Buss）[①]从跨文化观察和态度问卷研究中得到了一些结果，支持上述观点。例如，当研究者询问男性他们在寻找伴侣时会看重哪些因素时发现，在许多不同的国家，将容貌吸引力排在首位的男性都较多。相反，女性在选择理想伴侣时，更喜欢把经济安全作为重要的考虑因素。不过，这样的资料也并不完全清晰，因为很难将生物因素和社会因素区分开来。社会压力和生物压力结合在一起，构成了一个复杂的画面，在其中，我们很难评估每一组因素的相对重要性。无论生物学家还是社会学家，都无法靠自己的力量充分解释个体是如何用各种不同的方式来表现其性欲或者不表现其性欲的。

而且，这样的发现并不仅仅表明两性之间存在差异。两性之间的共性和重叠的量也是惊人的，这为弗洛姆的一个重要

69

[①] Buss, D. M. (1998). The Psychology of Human Mate Selection: Exploring the Complexity of the Strategic Repertoire. In C. Crawford & D. L. Krebs (Eds.). (1998). *Handbook of Evolutionary Psychology*: *Ideas, Issues and Applications*. London: Lawrence Erlbaum Associates.

论断提供了支持。弗洛姆认为，两性之间的相似性大于两性之间的差异性，而且"男人和女人首先都是人，他们有同样的潜能，同样的需要，同样的恐惧"。①

虽然我们可以说，这样一种观察结果仅仅是常识，但在我们这个时代，这也是一个值得反复思考的重要观点。在当前流行的心理学文献中，对性别差异的关注显然普遍存在，其危险在于：对于人际关系方面的问题和困难，只要参考一下生物学——不管是进化，还是大脑模式——就搪塞过去了。以一种肤浅的方式来解释通常会带来牢牢确立期望且限制每一个个体能力的风险。将弗洛姆的观点往前推进一步，或许现在是时候提醒我们自己：男人来自火星或女人来自金星的观点其实并不是那么一回事，事实上，男人和女人都来自地球。

按照巴霍芬的观点，即父性原则中包括与母性原则相矛盾的理性，我们是否可以认为弗洛姆是一位"性别歧视者"？这样的论断看起来就像令人感到不舒服的性别歧视假设，即假设"理性"为男性所特有。过去，人们一直用这个假设来证明不让女性上大学，让女性远离权力职位是合理的。不过，弗洛姆宣称，这两种对立的情况在我们所有人身上都存在。而且，弗洛姆提出，母性原则和父性原则都有正反两面。弗洛姆强调保持两种模式的平衡以避免某一种过剩的重要性。就像怀尔德②所提出的，从这个意义上说，弗洛姆的观点实际上预示了一些女权主义论点，揭示了压迫和剥削的潜在破坏性——压迫和剥削就是弗洛姆所说的父性原则的黑暗面。迫切需要的社会变革（在这场社会变革中，对平等、关爱、同情的关注是主导性原

---

① Fromm, E. (1999). *GA VIII Psychoanalyse* (1943, Sex and Character, German version translated by C. Dietlmaier), p.375.

② Wilde, L. (2004). The Significance of Maternalism in the Evolution of Fromm's Social Thought. *The European Legacy*, *9* (3), 352.

则）更可能来自母性取向。

我们还需要审视一下弗洛姆的**爱的概念**（concept of love）。① 用一个术语真的可以捕捉到这种体验的所有细微差别吗？在一个取向——"创造性的爱"——的标题之下，真的可以看到爱的理想的样子吗？比如，恋人的爱、朋友的爱、父母对孩子的爱或者一个人对自己的爱，它们之间难道没有很多差异吗？我们可以认为，在弗洛姆对爱的主题的论述中，"爱"这个词成了一件紧身衣，他的人本主义价值观（即使其中存在明显矛盾）都被塞进去了。

一个要讨论的是，弗洛姆明确将爱分为成熟的爱和共生性的爱的做法，可能会遭人批评，说他在某种程度上提出了一种有关人际互动的非黑即白的分类，而忽视了一些给我们的日常生活带来灰暗的阴影。一种关系在何种程度上可以被确定是共生性的爱，而不是成熟的爱，可能相当随意，因为其中涉及对关系中让人难以捉摸的"完整"概念的评估——这显然不是一件容易的事情。

另一个要讨论的是，弗洛姆宣称，在爱（包括性关系）中，我们对另一个人的爱其实是爱"所有人、所有有生命的一切"。② 沙尔正确评价了这一论断会遇到的困难，并提出了一种不同的观点。沙尔提出，爱人的微笑并不像弗洛姆所认为的那样，并不反映对其他人的普遍的爱和与其他人的团结，它是一种迹象，意味着——在他全身心对待他深爱之人的过程中——"他从根本上忽略了他人……他的微笑实际上是把他自己的幸

70

---

① 神经生物学领域的研究可以提供关于弗洛姆观点的有趣新见解。例如，泽基（S. Zeki）在这一领域的研究提供了关于大脑过程如何支持联系和依恋的信息［Zeki S. (2009). *Splendours and Miseries of the Brain*: *Love, Creativity and the Quest for Human Happiness*. Chichester: Wiley-Blackwell.］。

② Fromm, E. (1975). *The Art of Loving*. London: Unwin Paperbacks.

福投射到他人身上，而不是真的关心他人"。① 不过，这两种观点都很难评估，因此我们只能从两方面来考量。

对于弗洛姆提出的有关爱的观点，另一种批评与弗洛姆提出的"意志、判断、纪律是关系的基础"的观点有关。正如我们在前面看到的，弗洛姆对于爱情之"魔力"这样的浪漫观念通常持否定的态度。不过，婚姻治疗专家最近质疑了这一点。耶劳斯切克（Hans Jellouschek）② 强调这种浪漫经验的积极方面，以及这些强烈情感带来的鲜活记忆。耶劳斯切克指出，鼓励夫妻回忆他们第一次相爱时的情景，可以帮助他们恢复已经失去魔力的关系，而且有可能让他们承诺重新开始。耶劳斯切克补充说，在他看来，"陷入爱情"的直觉性非常重要，而弗洛姆很可能把爱说得就像是非常艰苦的工作。

弗洛姆对**社会背景下的关联**的强烈谴责，似乎也相当消极。这些观点似乎主要反映了弗洛姆自己对闲谈和社交聊天的厌恶，忽视了一开始"琐碎的"谈话会发展成为更加深入的关系的可能性。虽然弗洛姆提出的一些有关我们的思想和行为之品质和取向的二分观点通常会鼓励我们反思、觉察，但当有人说闲聊的人是"僵尸……其灵魂已死"，这对任何一个不在他波长上的人来说，便是偏见和轻蔑了。弗洛姆曾提出，"很多人……从未见过一个有爱的人，或者从未见过一个正直、勇敢、专注的人"③——这样的论断是一种大胆的说法，其证据基础含糊不清。

这也引出了一个问题，即弗洛姆对所处社会中的爱持普遍负面的评价是否合理。我们应该如何理解弗洛姆有关资本主义

① Schaar, J. (1961). *Escape from Authority*: *The Perspectives of Erich Fromm*. New York: Basic Books, p.136.

②③ Jellouschek, H. (2006). Die Kunst des Liebens aus der Sicht eines Paartherapeuten. *Fromm Forum* 11/2006. Tübingen: Internationale Erich Fromm Gesellschaft, pp.6–11.

原则与爱的原则之间不相容的观点？在一个看重自我利益价值观，而悍然无视团结、爱、关爱和同情的社会中，创造性关联难道真的不可能存在吗？弗洛姆宣称，在西方资本主义社会利益动机的驱使下，有爱的能力且致力于爱的人依然是少数。只有社会制度发生更为深刻的变革，我们才能在更大范围内表达真正的爱。不过，弗洛姆确实承认，考虑到现代社会的复杂性，"大量不顺从现象和个人维度"[1]是有可能出现的。虽然我们可能无法从这些论断得出明确的结论，但这种对关系在其中得以发展的社会背景的强调，似乎是对爱的更为广泛的分析的一个必要部分。

弗洛姆还提出了一些让人相当吃惊的建议，如"不厌其烦或不无聊是爱的主要条件之一"。[2]这在我们的日常生活中或许并非总能实现，但在和弗洛姆自己的生活方式相类似的环境中可能更容易实现（弗洛姆的生活方式允许许多刺激性的事件和活动）。不过，这些批评不应该否认弗洛姆的观点作为我们渴求并受其启发之准则的有用性。虽然我们中的许多人可能不会遵循与弗洛姆类似的日常惯例，但看不到弗洛姆思想观点的一些转变方面似乎也是一件憾事。

一般来说，在审视弗洛姆关于爱的观点以及他关于关系的建议时，我们很容易看出这些观点和建议与他自己的生活环境有怎样的联系。例如，弗洛姆选择"成熟的爱"这个词就很有意思。弗洛姆在写《爱的艺术》一书时已是中年，婚姻幸福，生活舒适，没有子嗣。弗洛姆选择"成熟的爱"这个词很可能是因为他与安妮斯的婚姻给了他一种完整的、满足的感觉——

[1]　Jellouschek, H. (2006). Die Kunst des Liebens aus der Sicht eines Paartherapeuten. *Fromm Forum* 11/2006. Tübingen: Internationale Erich Fromm Gesellschaft, p.97.

[2]　Fromm, E. (1975). *The Art of Loving*. London: Unwin Paperbacks, p.106.

成熟的爱（《爱的艺术》出版于 1956 年，此时，他和安妮斯结婚刚 3 年）。安妮斯显然是一个成熟、忠诚的伴侣，她对弗洛姆的幸福和工作很感兴趣。相反，以前的关系，尤其是与赖希曼的婚姻关系，可能更像是一种共生性结合，很可能是弗洛姆没有解决自己与母亲的关系引发的问题所致，就像第一章指出的，这可能仅仅是对情境的一种评估，因为他们之间的年龄差距是显而易见的。

弗洛姆思想的独特之处在于，他没有仅从一个层面来看待人际关系。要发展积极的关系，我们不仅需要密切关注个体的发展，而且还需关注社会的状况。弗洛姆的乐观态度反映在了《爱的艺术》的最后几页中。"相信这样一种可能性，即爱是一种社会现象，而不仅仅是一种特殊的个体现象，这是一种基于对人性之洞察的理性信念。"[1] 不管我们是否同意弗洛姆对理性和洞见的评价，我们都必须赞扬弗洛姆，因为他不仅对人际关系进行了深入分析（没有仅从一个层面来审视人际关系），而且提供了个人反思和社会分析的工具。

---

[1]   Fromm, E. (1975). *The Art of Loving*. London: Unwin Paperbacks, p.109.

第四章　心理治疗的艺术

弗洛姆的精神分析经验非常丰富。弗洛姆是通过他的第一任妻子赖希曼接触到精神分析的。另外，弗洛姆还在慕尼黑、法兰克福和柏林担任精神分析学家，接受了精神分析的训练。1934年，弗洛姆搬到美国后，再次开始精神分析实践。待在墨西哥期间，弗洛姆依然积极从事精神分析实践和精神分析师培训。本章将探索弗洛姆有关心理治疗的一些观点，着重讨论患者和分析师身上将会发展出来的品质，以及患者与分析师之间关系的性质。

值得注意的是，弗洛姆用来描述治疗过程观点的语言。精神分析最初是从医学模式发展而来，这表明弗洛伊德接受的是神经病学家的训练，"医生""患者""症状""治愈"等字眼的使用清楚地反映了这一点。弗洛姆在此基础之上建立了他自己的取向，并以X射线作类比，来描述治疗师对患者关切之事的细致理解。不过，弗洛姆对精神分析中一些更为根深蒂固的方面提出了质疑，而且在精神分析中不再使用医学话语。弗洛姆的研究以人本主义为出发点，他认为，患者在治疗过程中是一个积极的参与者。弗洛姆提出了一些远远超出传统的精神分析范畴的建议，并提出了一些更为流畅的有关个人在社会背景中发展的观点。

弗洛姆式"技术"?

弗洛姆从未写过一本关于他自己的治疗取向的书。鉴于弗洛姆在多个不同领域都曾撰写过颇具创造性的作品，因此对于他为何不写这样一本书一直有各种猜测。有人认为，这是因为弗洛姆并不热衷于传达任何有关"技术"的具体观点。例如，莱塞（Ruth Lesser）[①]宣称，在她接受弗洛姆督导的过程中，弗洛姆从未说过想创立弗洛姆式"技术"。

赫扎诺夫斯基（Gerard Chrzanowski）[②]提出了弗洛姆为什么不写一本关于治疗技术的书的另一个原因。

> 他不想开创一个弗洛姆学派。他反对盲目忠于某一位领导者，认为这将否定对于某一特定且独特的精神分析师–患者二人组合的个人经验的特定强调。

鉴于弗洛姆对任何信条和教义都持怀疑态度，这个原因看起来显然合理。弗洛姆关注的焦点是每一次会心（encounter）的独特之处，这可能也不利于给他的治疗方法一锤定音。

不过，弗洛姆确实明确提出了治疗取向必不可少的一些组成部分。1974年夏天，弗洛姆和一名来自纽约的精神分析师兰迪斯（Bernard Landis）为瑞士洛迦诺-穆拉尔托的心理学专业的美国学生举办了一个长达几个星期的研讨班。后来一本关于精神分析治疗的著作中的部分内容就摘选

[①]　Lesser, R. M. (1992). Frommian Therapeutic Practice: A Few Rich Hours. *Contemporary Psychoanalysis, 28*, 483-494.

[②]　Chrzanowski, G. (1997). Erich Fromm's Escape from Sigmund Freud: An Introduction to "Escape from Freedom". *International Forum of Psychoanalysis, 6* (3), 185-189.

自这次研讨班。① 题为《精神分析"技术"还是倾听的艺术》
（*Psychoanalytic "Technique" or The Art of Listening*，这篇文章是
弗洛姆在去世之前不久撰写的）的文章本来打算作为这本书的
导言。在这篇文章中，弗洛姆强调在理解人们的心理，尤其是
潜意识成分时，必须遵从"规则和规范"（rules and norms）②。

就像人际关系中的爱一样，弗洛姆认为，精神分析也是一
门艺术，因为其创造和发展的潜能通常取决于精神分析师和患
者双方致力于自我反省的程度及学习的意愿。芬克将弗洛姆的
治疗取向总结如下。

> 他的治疗方法的特点不在于冗长的理论与抽象概念，
> 也不在于对"患者材料"作不同的诊断"处理"，而在于
> 他独立感知人们的根本问题的个人能力。弗洛姆的人本主
> 义观点渗透在了他有关患者的看法以及处理患者问题的方
> 式之中……我们可以看到，在分析者与被分析者之间存在
> 一种深厚的团结感。它假定，分析师已经知道如何应对他
> 自己，但仍随时准备继续学习，而不是躲在一种"精神分
> 析技术"背后止步不前。③

精神分析的本质：认识自己

75

正如我们在前面各章看到的，弗洛姆认为，我们要具备
意识到哪些因素阻碍了我们人类潜能发展的能力，这一点非常
关键。对于那些因发展出焦虑或强迫观念等神经症症状而寻求

---

① ③　Funk, R. (1994). Foreword. In E. Fromm (1994). *The Art of Listening*. London: Constable, p.11, p.9.

②　Fromm, E. (1994). *The Art of Listening*. London: Constable, p.192.

心理治疗的人来说，这种能力尤其重要。弗洛姆认为，弗洛伊德的精神分析是向前发展的一种重要途径。对潜意识冲突以及之前没有认识到的事件之间的联结（例如，我们的梦揭示的事件之间的联结）的觉察和理解，使我们可以做出改变，并向前发展。

对于弗洛伊德取向提出的主要目标，弗洛姆是赞同的。不过，就像我们在下文将会看到的，弗洛姆关于治疗过程细节的观点（他的观点能引起这样的理解）在一些重要方面与弗洛伊德的观点不同。他们之间的主要区别很可能是因为他们的出发点不同。弗洛伊德从医学背景出发提出了精神分析取向。而弗洛姆是一位社会学家，他强调的重点是社会状况，这一点甚至在他的治疗取向中也表现得非常明显。弗洛姆关注的焦点是分析关系中人际关系的品质，这一点与弗洛伊德取向不同。在弗洛伊德的取向中，精神分析师是一个更加超然的独立的观察者。

在第三章有关爱的观点中列出的弗洛姆认为重要的品质不仅适用于个人关系，还适用于生活各个方面的自己及他人。因此，弗洛姆在个人成长、移情、爱等方面的投入，也明显体现在了我们知道的他有关治疗关系的观点中，这一点毫不奇怪。正如弗洛姆的同事斯皮格尔所说："在弗洛姆看来，精神分析就是自我理解的发展和用爱与他人建立关联的能力。"①

弗洛姆是这样描述他自己的治疗取向的。

> 我通常都做些什么呢？我倾听患者的陈述，然后我会对他说：看，你在这里做了下面这样的事情——你告诉我

① Spiegel, R. (1994). Reflections on Our Heritage from Erich Fromm: The Humanistic Ethics of Erich Fromm. *Contemporary Psychoanalysis*, *30*, 419–424.

你的一切想法。这始终不是一件容易的事情……所以，我
听你说。当我在听的时候，我会做出反应，而我的反应就
像是一种训练有素的乐器的反应……所以，你向我倾诉的
内容让我听到了一些事情，我也会把我听到的事情告诉
你，而我听到的事情与你告诉我的内容或想要告诉我的内
容往往大不相同。然后，你告诉我你将对我的反应做何回
应。我们就是以这种方式交流沟通的。①

在弗洛姆看来，这些"训练有素的乐器的反应"必须通过
持续的自我反省和自我分析不断调整。

关于精神分析的目标这个问题，弗洛姆的回答非常明确：
"这是一个非常简单的问题，我认为，答案也非常简单。那就
是，认识你自己。"②弗洛姆认为，这不仅适用于分析师，同样
也适用于患者。只有对自己有深刻的理解，我们才能让自己获
得改变、发展、成长，并促使他人发生改变、发展和成长。

因此，对分析师自身而言，分析过程也可以是一种独特
的学习经验，这主要取决于一种自我反省的姿态。曾接受弗洛
姆督导的阿克雷特（Robert Akeret）描述的一个片段证明了这
一点。

弗洛姆说：那么，医生，你从你的患者身上学到了
什么？
（我想我误会了他的意思。）
关于患者的？我磕磕巴巴地说。
不，是关于你自己的，阿克雷特。你从患者身上学到

的东西来自你对你自己的了解。①

这当然与对分析师的精神分析要求（即分析师在接受培训时需要进行自我分析）有紧密联系，但除此之外，弗洛姆尤其强调在培训之外保持自我反省性分析的重要性。

不管是在弗洛姆自己的精神分析实践中，还是在弗洛姆对其他分析师的督导中，弗洛姆似乎都采取了一种基于自我分析和直觉的个人主义取向。他在自己即时（immediacy）、充满活力（vitality）且强烈（intensity）的风格中表达了这一点。墨西哥精神分析学家米连（Gojman de Millán）指出：

> 弗洛姆的精神分析实践与培训取向并不针对外部知识的智力传递，而在于唤醒分析师内心对患者产生一种富有意义的、坦诚且深厚的兴趣。②

另一个督导片段也证明了这一点。阿克雷特报告了他和弗洛姆对一名患者的评估展开的如下交流。

> 那当然只是我的感觉。
> 阿克雷特医生，只是你的感觉吗？他笑了起来。告诉我，我们在工作中还需要做些什么——根据上帝的

---

① Akeret, R. U. (1995). *Tales from a Traveling Couch: A Psychotherapist Revisits His Most Memorable Patients.* New York and London: Norton, pp.112-124.

② Gojman de Millán, S. (1996). The Analyst as a Person: Fromm's Approach to Psychoanalytic Theory and Practice. In M. Cortina & M. Maccoby (Eds.). (1996). *A Prophetic Analyst: Erich Fromm's Contribution to Psychoanalysis.* Jason Aronson: Nothvale and London, pp.235-258.

指示？①

同样，曾接受弗洛姆督导的赫扎诺夫斯基也描述了弗洛姆对他的鼓励，即鼓励他超越先入为主的、僵化的弗洛伊德思想。"他想让我触及自己对某一名患者的创造性想法。"② 这就意味着分析师必须敏锐地意识到自己的好奇心和对发展的渴望，这样才能激发患者身上改变和学习的火花。

弗洛姆提出，对分析师来说，发展出同情、理解这样的个人品质非常重要，而自我反省以及对个人、社会交织在一起产生的影响的普遍兴趣，是发展这些品质的关键。弗洛姆推测，对这些问题和潜意识的深刻理解，文学作品的表现方式往往比教科书更动人、有趣。

> 社会分析和个人分析不可能真正分离开来……对于理解精神分析而言，阅读巴尔扎克的作品很可能比阅读精神分析文献要有用得多……一个人如果真的对人以及他的潜意识感兴趣，那么，不要读教科书，读一读巴尔扎克，读一读陀思妥耶夫斯基，读一读考夫卡。在他们的作品中，你可以了解更多关于人的知识，这比在精神分析文献（包括我自己的著作）中了解到的还要多。③

---

① Akeret, R. U. (1995). *Tales from a Traveling Couch*: *A Psychotherapist Revisits His Most Memorable Patients*. New York and London: Norton, pp.112–124.

② Chrzanowski, G. (1997). Erich Fromm's Escape from Sigmund Freud: An Introduction to "Escape from Freedom". *International Forum of Psychoanalysis, 6* (3), 185–189.

③ Fromm, E. (1994). *The Art of Listening*. London: Constable, p.103.

弗洛姆的人本主义精神分析

对"认识自我"的关注也构成了弗洛姆研究的人本主义的前提："患者身上没有任何东西是我没有的。"[①] 在这一点上，弗洛姆让自己远离那些假定患者（被视为"受苦者"）与分析师（被视为"专家"）之间存在明确界限的取向。弗洛姆的人本主义出发点是消除分析师与患者之间的某些距离，这一点生动地表现在弗洛姆提出的这样一个观点中，即"我们所有人都是疯子，都是神经症患者，都是孩子，我们之间的差异只是程度不同而已"。[②] 弗洛姆提出，分析师不能让自己与患者拉开距离，不能视自己为"正常的"，而视患者为另一个不同的"非理性的"范畴。

在弗洛姆看来，分析师与患者之间的特殊关系（在这种关系中，个人的成长和洞察被看得非常关键）是成功的精神分析不可缺少的。在这一点上，美国精神病学家沙利文以及他认为精神病学是"人际关系科学"[③] 的观点是一种重要的影响。"创造性关联"一词最为恰当地描述了治疗关系的性质和强度。在兰迪斯看来，弗洛姆是这样描述创造性关联的。

> 在与患者充分接触的行为中，在对患者保持完全开放、回应的态度中，在某种程度上沉浸于患者内心的行为中，在这种中心对中心的关联中，存在着精神分析理解与

---

① Fromm, E. (1994). *The Art of Listening*. London: Constable, p.100.

② Funk, R. (1999). *Erich Fromm Gesamtausgable Zwölf Bänden* (Band XII). Stuttgart: Deutsche Verlags-Anstalt, p.200.

③ Funk, R. (2000). *Erich Fromm: His Life and Ideas*［An Illustrated Biography］. New York: Continuum International Publishing, p.107.

治愈的一个必要条件。分析师必须成为患者，但同时又必须是他自己；分析师必须忘记自己是一名医生，但同时他又必须始终意识到这一点。只有当分析师接受这个悖论，他才能给出带有权威的"解释"，因为这些解释通常都植根于他自己的经验。①

这些话语强而有力，而且鼓舞人心。但是，治疗师在治疗过程中能否一直真正地接受患者，那就不得而知了。此处需要考虑的重要一点是，弗洛姆强调，要认识到我们与他人之间的共性。患者可能在更大程度上体验到了痛苦或破坏性。不过，这并不是说治疗师不能识别自己内心这种情绪或倾向的某些方面。正是通过这种同情和团结，分析师才能够与患者建立创造性关联。

同他给个人关系的建议类似，弗洛姆强调**沟通**（communication）的重要性。弗洛姆认为，分析关系是一种建立在双方自由、自发基础之上的特殊沟通形式。弗洛姆提出，正是通过这个过程，我们才能研究一些具体因素，才能通过治疗带来积极的改变。

1. 当一个人看到自己的真实冲突时，他就会更加自由。
2. 心理能量摆脱压抑、阻抗的限制后会增强。
3. 释放健康的先天动力。②

79

上面列出的三条与人本主义心理学家罗杰斯有关个人成

---

① Landis, B. (1981a). Fromm's Approach to Psychoanalytic Technique. *Contemporary Psychoanalysis, 17* (4), 537–551.

② Fromm, E. (1994). *The Art of Listening*. London: Constable, p.90.

长或自我提升的观点极为相似。尽管存在这些相似之处，弗洛姆还是让自己与罗杰斯"以人为中心"的人本主义疗法保持一定距离。在罗杰斯"以人为中心"的人本主义治疗中，咨询师主要负责向来访者提供反馈，控制治疗过程之进度和持续时间的基本上是来访者。弗洛姆觉得，认为患者应该"找到他们自己"的想法只会毫无必要地延长治疗过程。尤其是，弗洛姆觉得罗杰斯提出的"来访者中心疗法"的概念非常奇怪，因为弗洛姆认为"每一种治疗都应该以来访者为中心"。[1] 不过，我们可以看到他们二人的方法之间存在明显的相似之处。像弗洛姆一样，罗杰斯也强调咨询关系的品质，并强调无条件积极关注（unconditional positive regard）、共情（empathy）和真诚（genuineness）的重要性。[2] 不过，弗洛姆对弗洛伊德基本原则的坚持和他在治疗过程中承担的更为积极主动的角色，是他和罗杰斯不同的地方。弗洛姆依然认为自己是一位精神分析学家，他更愿意采用"人本主义精神分析"这个词，这表明，弗洛姆一方面忠于弗洛伊德有关潜意识的观点，另一方面在治疗中又采用一种更为开放的人本主义立场。

面对面的关联

弗洛姆承认弗洛伊德的重要贡献，即弗洛伊德关注到迄今为止被人们忽略的医生与患者之间关系具有的情绪品质。不过，在一些重要方面，弗洛姆把治疗会心推向了另一个不同的领域。虽然弗洛姆在一开始的从业实践中遵循标准的弗洛伊德原则，但他很快对此提出了批评。弗洛姆喜欢跟他的患者面

---

[1]　Fromm, E. (1994). *The Art of Listening*. London: Constable, p.90.

[2]　Rogers, C. (1965). *Client-Centered Therapy*. Boston: Houghton Mifflin Company.

对面坐着，而不是像传统的精神分析治疗那样，让患者躺在长椅上，而分析师坐在一旁。弗洛姆觉得，长椅代表了一种无意义的仪式，患者在其中被"人为地幼儿化"了。[①]弗洛姆指出，最初之所以这样安排，可能是因为弗洛伊德不喜欢"一天有好几个小时被另一个人盯着看"[②]，而不是分析功效方面的考虑。

根据弗洛姆的经验，缺乏眼神交流和尽量不要打断患者的陈述，会让分析师感到疲倦和厌烦。弗洛姆指出，他的一些同事承认会在分析过程中打盹，其他一些同事则承认他们要努力控制睡意，生怕一不小心打出了鼾声。

大约在 1940 年，弗洛姆改变了他的技术，让患者跟他面对面地坐在椅子上，而不是躺在长椅上。[③]与患者建立**面对面的关联**（face-to-face relating），让弗洛姆可以在同一身体高度上同患者进行沟通，也促进了更多直接的情感关联。弗洛姆与患者进行激烈的交谈，并把他在治疗会心中理解到的意义反馈给患者。面对面的关联也让弗洛姆有机会观察患者的面部表情，建立并保持目光接触。除此之外，患者也可以看到弗洛姆的面部表情。

> 我的想法、情绪等都表现在脸上。这给患者提供了另一种非常重要的与现实沟通的方式。此外，有一些坦诚的

---

① Fromm, E. (1994). *The Art of Listening*. London: Constable, p.29.

② Fromm, E. (1980b). *Greatness and Limitations of Freud's Thought*. London: Jonathan Cape, p.39.

③ Eckhardt, M. H. (1990/2008). The Shift from Couch to Chair. In R. Funk (Ed.). (2009). *The Clinical Erich Fromm: Personal Accounts and Papers on Therapeutic Technique*. Amsterdam-New York: Rodopi.

话语只能面对面说，因为这样说出的话语更加真诚。[1]

在弗洛姆的治疗取向中，很多人在他面前感受到的强烈联系感无疑是一种重要的工具。例如，芬克[2]是这样描述的，弗洛姆的注视温暖而直接，有时候几乎可以说太过强烈，让人觉得好像他能够直视一个人的本质。这种注视伴随着探究和直接的提问，可以引发自我反省。同样，库利（Gérard Khoury）[3]也描述了弗洛姆清楚明晰、严肃认真、坦率真诚的面部表情，而这反过来也会让弗洛姆的交谈对象表现出同样的坦诚。

那些接受弗洛姆精神分析的人实际在多大程度上认为治疗就是这个样子的？M.H.埃克哈特（Marianne Horney Eckhardt，她曾接受弗洛姆的分析，作为自身培训的一部分内容）证明了这一点。她说，从"躺在长椅上换为坐在椅子上"，从分析师面无表情地倾听到进行有意义的交流，她"……感觉到自己是一个人，而不是一名患者"。[4]

弗洛姆对释梦的运用

与传统的弗洛伊德取向相一致，弗洛姆也认为梦是潜意识意义的一种重要表现形式。[5]事实上，弗洛姆于1951年在威

[1]　Landis, B. (1981a). Fromm's Approach to Psychoanalytic Technique. *Contemporary Psychoanalysis*, *17* (4), 537–551.

[2]　Funk, R. (2008). Direct Encounter with the Other. In R. Funk (Ed.). (2009). *The Clinical Erich Fromm*: *Personal Accounts and Papers on Therapeutic Technique*. Amsterdam-New York: Rodopi.

[3]　Khoury, G. (2006). A Crucial Encounter: Erich Fromm. *Fromm Forum* 10/2006. Tübingen: International Erich Fromm Society, p.20.

[4]　Eckhardt, M. H. (1990/2008). The Shift from Couch to Chair. In R. Funk (Ed.). (2009). *The Clinical Erich Fromm*: *Personal Accounts and Papers on Therapeutic Technique*. Amsterdam-New York: Rodopi, p.34.

[5]　Fromm, E. (1994). *The Art of Listening*. London: Constable, p.121.

廉·阿兰森·怀特精神病学、精神分析和心理学研究所和本宁
顿学院（Bennington College）所做演讲的基础上撰写了一本题
为《被遗忘的语言：梦、童话和神话分析导论》（*The Forgotten
Language: An Introduction to the Understanding of Dreams, Fairy
Tales and Myths*）的著作。[1] 在对宗教、历史、文学中有关梦的
分析的历史进行了分析，并对神话、仪式进行了一番探索之后，
弗洛姆提出，梦的"语言"是普遍的，象征着从我们共同的人
类处境中产生的关键经验。这样的观点可能会引出这样一个问
题，即我们能否在社会和文化建构的理解之外解释梦？假如做
了一个上课迟到的梦，那么与这个梦相伴随的情绪只有在一种
认为守时极为重要的文化中才有意义。不过，我们也可以认为，
剥去这些意义的细节，我们可以追溯到更为深层和普遍的关注
点：守时问题可能与害怕遭到权威人士拒绝这样更深层次的恐
惧有关（不过，即使是这样，其中也明显带有文化意义）。

81

　　1972 年，弗洛姆写了一篇文章。在这篇文章中，他采取
了一种广泛的视角，对梦的发展历程进行理解。弗洛姆提出，
一些传统的精神分析团体提出的"梦的分析仅有一个答案"的
教条主张，应该受到挑战。梦不一定要在精神分析语言的范围
内进行解释："在通常情况下，我会询问我的分析对象他对梦
的看法……有 50% 的梦，你不需要联想便能够理解。"[2] 这再次
表明，弗洛姆从心理动力洞察的精神分析藩篱中走了出来，并
朝着更为流畅地理解"专家"分析师在治疗会心中应该扮演
的角色的方向迈进。弗洛姆自己的解释依然起到了重要的作
用："我告诉患者我所看到的，然后分析患者对我所说的话的

[1]　Fromm, E. (1999). *GA IX Sozialistischer Humanismus und humane Ethik* (1951,
　　The Forgotten Language: An Introduction to the Understanding of Dreams, Fairy
　　Tales and Myths, German version translated by Liselotte and Ernst Mickel), p.171.

[2]　Fromm, E. (1994). *The Art of Listening*. London: Constable, p.136.

阻抗。"①

　　弗洛姆以历史证据和个案研究为例提出，传统上，一直以来，梦要么被视为增强版的想象，要么像弗洛伊德取向那样，被视为以加密形式渗透进我们意识之中的本能驱力——特别是性驱力。弗洛姆认为，梦可以表现出这两种特性。他提出，在梦中，我们可能更有创造性，并觉得我们自己拥有一些我们可能并不具备的能力：我们或许能唱歌、跳舞、飞翔——不同于我们在清醒时具备的能力。梦让我们能够自由表现自己的创造力，不受社会期望和习俗的限制。弗洛姆宣称："睡眠是我们真正自由的唯一状态……在梦中，当我们想操纵世界的时候，我们就可以看自己想看的世界而不是真实的世界；准确地说，我们可以看到世界对我们而言富有诗意的意义。"②弗洛姆采取的立场在弗洛伊德的主张（弗洛伊德认为，梦反映了潜意识的冲突）和荣格的观点（荣格认为，梦代表的是更高的智慧）之间。弗洛姆声称："我们在梦中不仅会表现得不那么理性，不那么得体，而且……我们在睡着的时候也比清醒的时候更加聪明，更为明智，更有能力做出判断。"③弗洛姆提出，释梦的艺术在于知道哪些梦代表了我们的本能，哪些梦表现了我们的创造力。

弗洛姆的治疗干预方式

　　弗洛姆提倡**直接的治疗取向**（direct approach to therapy）。与弗洛姆建立治疗关系的过程当然不可能容易或舒适。

　　莱塞用下面这段话描述了弗洛姆所说的直接性。

---

①　Fromm, E. (1994). *The Art of Listening*. London: Constable, p.99.

②③　Fromm, E. (1980b). *Greatness and Limitations of Freud's Thought*. London: Jonathan Cape, p.72, p.101.

　　不用等待恰当的时刻，毫不犹豫地说出他的判断，而且对"到底有多少内容是真相"毫不含糊。他［弗洛姆］幽默诙谐地指出，"任何人的潜意识中都没有什么文雅的东西，分析师也一样"。①

弗洛姆的目标在于，通过一些有时候看起来相当困难的洞察，促使患者获得成长、发展和改变。就像阿克雷特所指出的：

　　如果紧张、痛苦及其他一些深切的情感不存在，那么改变的欲望又将从哪儿来呢？分析就同外科医生动手术或禅宗大师谴责一样，是一件严肃的事情。分析师必须经常问自己："这个人在这个小时或这个星期新学到了些什么？"这使分析师可以对患者产生影响，而在弗洛姆看来这一点非常关键。②

弗洛姆自己用另一个同样发人深省的隐喻表达了这一点。他提出，分析师的影响取决于：

　　他能否做一个好的登山向导，他不会带着他的来访者上山，但有时候会告诉他的来访者"这条路更合适"，有时候甚至会用他的手轻轻地推他的来访者一把，但他能做的也就是这些了。③

① Lesser, R. M. (1992). Frommian Therapeutic Practice: A Few Rich Hours. *Contemporary Psychoanalysis*, *28*, 483-494

② Akeret, R. U. (1975). Reminiscences of Supervision with Erich Fromm. *Contemporary Psychoanalysis*, *11*, 461-463.

③ Fromm, E. (1994). *The Art of Listening*. London: Constable, pp.37-38.

　　此外，弗洛姆还把弗洛伊德的**自由联想**（free association）方法移入另一个不同的领域。弗洛姆试图发展新的技术，而不是在分析面询一开始就采用仪式化的公式，要求来访者"告诉我你心里在想什么"，然后进行最低限度的互动。作为一种不同的自由联想的雏形，弗洛姆告诉他的患者要集中注意力，不要让自己受一些侵入性想法的干扰（例如，他指导患者想象他们的心理是一个空白屏幕，当他发出一个信号时，患者就要描述他在屏幕上看到了什么）。① 这些观点表明，弗洛姆是一个非常视觉化的人，就像前面所概括的，他强调在治疗或督导过程中要与对方有直接的目光接触也证明了这一点。

　　弗洛姆强调，他自己的个人风格充满了**诗意**和**形象化描述**，这使得他的风格难以描述。在这个方面，弗洛姆试图让自己与弗洛伊德保持距离："弗洛伊德并不真正理解象征主义，因为他对艺术和诗歌没有感觉，他只对那些理智上可以构想的东西有感觉。"② 虽然这样一种指责并不完全合理，③ 但弗洛姆将它与自己的治疗取向相对比，从而形成鲜明对照。弗洛姆是这样描述他自己的治疗取向的："把患者视为一部戏剧的主人公，而不是把他看成多种复杂现象的总和非常重要。事实上，每一个人都是一部戏剧的主人公。"④ 兰迪斯提到，弗洛姆用"想象性隐喻"（imaginative metaphor）一词明确阐明了那些"填补患者内心的合理化"。⑤

①　Fromm, E. (1999). *GA XII* (1955, Remarks on The Problem of Free Association, German version translated by R. Funk), p.198.

②④　Fromm, E. (1994). *The Art of Listening*. London: Constable, p.137.

③　Stevens, R. (2008). *Sigmund Freud: Shaper of the Unconscious Mind*. Basingstoke: Palgrave Macmillan.

⑤　Landis, B. (1981b). *Erich Fromm: The Conduct of Psychoanalysis* (Erich Fromm Archive).

弗洛伊德试图让成人回到潜意识冲突起源的儿童期，但弗洛姆提出，患者必须把自己视为**成年人**，同时又把自己看成是**小孩**。患者的儿童期记忆与成年经验之间的冲突，对治疗过程可能有帮助。"在我看来，分析治愈的本质在于人格之非理性部分与理性部分相遇而产生的冲突。"①

不过，弗洛姆对于分析所能实现的目标持一种现实的态度。他认识到改变并不总能发生，因此提出，必须避免不切实际的目标，否则只会带来失望。他还提出："表现出一种健康的怀疑态度很重要：'你说你想改变，这是有可能实现的，但还是让我们等着看吧。'"②此外，弗洛姆对于精神分析在促进积极改变方面发挥的作用也保持一种现实的态度：分析能——但并不总能——促进改变，不接受分析，人们也能发生改变。③

弗洛姆认为，即使治疗本身没有效果，但时间也没有浪费掉。事实上，对于分析带来的更为一般的益处，弗洛姆提出了相当大胆的主张："即使在患者没有痊愈的那些情况下……分析时间如果富有生机且意义重大的话，那将是他一生中最为重要的、最好的时间。"④从这个意义上说，弗洛姆认为治疗提供的不仅仅是一种"治愈"。弗洛姆把治疗看成是一种通过觉察和改变潜能解放自我的方式，是一种"生活艺术"的工具。⑤

关于分析的**预后**（prognosis）和**持续时间**（duration），弗洛姆觉得，没有必要规定治疗过程所需的时间——分析应该根据每一个案例的具体情况确定需要的时间。在这一点上，弗洛姆的观点也与弗洛伊德不同。

84

---

①③④⑤ Fromm, E. (1994). *The Art of Listening*. London: Constable, p.29, p.50, p.41, p.75.

② Akeret, R. U. (1975). Reminiscences of Supervision with Erich Fromm. *Contemporary Psychoanalysis*, *11*, 461–463.

　　症状较轻的神经症……可以用比两年分析短得多的时间治愈。也就是说，通过鼓起勇气，利用分析洞察以非常直接的方式处理问题，很可能在20个小时内完成分析师在200个小时内必须完成的事情。当使用这些方法时，我们便没有理由因使用直接的方法而产生虚假的羞耻感了。[1]

　　不过，弗洛姆确实提出，这取决于问题的性质：难怪他会说，患有良性神经症的人往往比患有恶性神经症的人更容易治愈。[2]此外，患者的一般性格取向也被认为是影响其预后的一个重要因素。即使患者患有一种更为严重的疾病，如果他采取一种更为开放、积极、恋生的立场对待生命，那么他康复的机会将大大增加。值得注意的是，虽然弗洛姆支持患有严重障碍的患者以及给他们治疗的分析师，但他也常常将一些严重病例转交给其他致力于短期分析的人。[3]

　　为了说明在治疗中用来洞察潜意识的即时感，弗洛姆描述了一个女人的案例。这个女人的生活因为一种强迫症状而被弄得一团糟：她一出门就必须回家，因为她害怕自己忘了关煤气导致房子着火。分析表明，几年前，一名给她做癌症肿瘤摘除手术的医生曾在无意之中对她说，她身上的癌细胞有可能会像野火一样转移至全身。她对疾病复发的恐惧表现在她总是害怕房子着火的强迫倾向中。这种联系一确立，这个女人——此时

---

[1][2]　Fromm, E. (1994). *The Art of Listening*. London: Constable, pp.40–41.

[3]　Ortmeyer, D. H. (2008). A Remarkably Inquiring Mind. In R. Funk (Ed.). (2009). *The Clinical Erich Fromm: Personal Accounts and Papers on Therapeutic Technique*. Amsterdam-New York: Rodopi.

她再也不害怕癌症复发——就摆脱了她的强迫症状。①

重新评价"小汉斯"案例

弗洛姆不同意弗洛伊德的另一个点主要围绕弗洛伊德在分析他的著名案例"小汉斯"时得出的一些结论。小汉斯是一个患有马恐惧症的男孩。虽然弗洛伊德没有直接治疗这个男孩，但小汉斯的父亲就小汉斯状况的原因和治疗情况给弗洛伊德写过信。小汉斯产生恐惧症时的经验包括：看过一次严重的马车事故，妹妹出生，与母亲的关系非常亲密，嫉妒他的父亲，参加过一次葬礼。

弗洛伊德解释道，小汉斯对马的恐惧其实是他未解决的俄狄浦斯冲突的表现，男孩子处于这个性心理发展阶段时，会体验到一种对母亲的潜意识性欲望，以及对父亲的充满嫉妒的攻击性。这样的体验往往伴随着这样一种恐惧，即害怕严厉的父亲一旦发现就会惩罚他，将他阉割。解决这个冲突的方式是，小男孩努力让自己成为父亲的样子并接受他的价值观。在小汉斯的案例中，弗洛伊德假定，小汉斯把对父亲的攻击性和恐惧**移置**（displaced）到了一个离家不太近的"客体"（object）——马上。

弗洛姆对这个案例的解释与弗洛伊德有很大的不同，他强调关系的性质。弗洛姆提出，由于母亲和孩子在早期建立了亲密的依恋关系，因此母亲的情感影响（可能是积极的影响，也可能是消极的影响）往往比父亲的影响更为强烈。小汉斯的母亲对小汉斯的态度显然是消极的，她告诉他，如果他再淘气她就离开他，如果他再摸他的小鸡鸡就把他的小鸡鸡割掉。弗洛姆强调，为我们的发展定下基调的是关系的强度，而不是力比

---

① Fromm, E. (1994). *The Art of Listening*. London: Constable, p.66.

多驱力。此外，弗洛姆还推测，小汉斯恐惧症的背后可能存在一种对死亡的恐惧，因为这与他最初的相关经验一致。①

弗洛姆还提出，从某种意义上，弗洛伊德似乎与那些因孩子们的"乱伦幻想"而"责备"他们并将他们视为"小罪犯"的既有体制（即父母权威）勾结到了一起。② 弗洛姆从一个完全不同的角度评价了家庭关系。他提出："……分析师应该成为控告父母的人。分析师应持一种客观的观点。如果分析师是父母的捍卫者（因为这个既有体制的精神），那他对患者就不会有太多益处。"弗洛姆的观点引起了颇多的争议。③

重新界定心理健康

弗洛姆有关父母权威的强烈而富有挑衅的陈述与他那个时代心理治疗和精神病学方面激进的人本主义运动有关：他同意莱因（Ronald Laing）的评价，即家庭动力和不健康的社会有可能是导致心理疾病的原因。④ 在弗洛姆看来，父母可能会用爱来掩饰其想以一种消极的破坏性方式对孩子施加权力的真实愿望（真正爱孩子的父母除外）。⑤

此外，弗洛姆还提出，对于应该将什么视为"正常的"这一问题，我们必须采取一种更为广泛的视角。弗洛姆强调，在某一特定社会背景下"正常"发挥功能的某个人，可能会被认为心理不健康："现代组织人（organization man）事实上病得多么厉害：异化、自恋、没有关联感，对生活没有真正的兴

86

---

① Fromm, E. (1999). *GA XIII Psychoanalyse* (1966, The Oedipus Complex: Comments on "The Case of Little Hans", German version translated by Liselotte and Ernst Mickel), p.147.

②③⑤ Fromm, E. (1994). *The Art of Listening*. London: Constable, p.53, p.55, p.55.

④ Fromm, E. (1999). *GA XII* (1969, The Dialectic Revision of Psychoanalysis, German version translated by R. Funk), p.58.

趣。"① 弗洛姆提出的**常态病理学**（pathology of normalcy）② 概念，就描述了他在消费主义社会中感知到的心理不健康现象。因此，困难在于描述分析师能够为一个陷入现代社会结构的人做些什么。尽管这个人身上表现出各种症状——根据弗洛姆提出的有关人的观点（参见第二章），可将这些症状界定为不健康的症状——但他看起来很"适应"，并不会被视为不健康。

从这个意义上说，弗洛姆有关治疗的观点必然会导致社会批判，他将心理健康问题从个人领域或人际关系领域推向了政治领域。

重新界定移情

同样，弗洛姆对**移情**（transference）概念的评价也会导致社会批判。在传统的精神分析中，移情过程是一个极为重要的部分。传统的精神分析认为，患者会在潜意识之中将之前一些冲突的关系转移到分析师身上。例如，在一名女性患者与分析师的关系中，分析师好像是她那专制的父亲，而她自己则变成一个依赖性强的孩子。因此，在精神分析的过程中，移情通常被视为澄清并充满希望地解决儿童期潜意识冲突的起点。

弗洛姆对移情的解释与弗洛伊德完全不同。他认为，移情是因为我们未能以创造性的方式处理存在性需要。由于无力应对人类存在的脆弱性，我们发展出了一种想把责任转移给更为强大之人的倾向。分析过程旨在帮助患者认识到这一点，并为自己的生命承担起责任。

我们在社会背景中也可以观察到这些过程。即使我们是成年人，除非我们开发了自己积极成长和建立关联的潜能，否则我们可能也无法在一个会对这些品质产生不利影响的社会中变

87

---

①② Fromm, E. (1994). *The Art of Listening*. London: Constable, p.26, p.27.

得自由和理性。弗洛姆认为，媒体在提供给我们一个扭曲的生活图景方面发挥了重要作用，让我们一直感到不安全、无能为力和害怕，而且非常想把责任转移到权威人物身上。第五章将进一步讨论这些观点。

视弗洛姆为分析师和教师

由于弗洛姆非常强调治疗过程必不可少的品质，因此我们可能想知道他自己在多大程度上表现出这些品质。显然，弗洛姆似乎对许多人产生了深远的影响，这些人都曾描述过在接受分析和督导面询的过程中体验到的弗洛姆的精力充沛和活力十足。芬克提到：

> 任何接受他［弗洛姆］精神分析的人都能感觉到他作为一位真理探索者和重要同伴的坚韧严苛，以及他非凡的移情能力、亲密态度和与他人关系的即时性。[1]

此外，赫扎诺夫斯基也描述了一些较不稳定的会心：[2]

> 深夜11点半的督导并没有完全常规化。此外，他［弗洛姆］有时候还会迟到，甚至根本不出现。当我的抱怨经由汤普森（Clara Thompson）之口传到他的耳朵时，据说，他是这样说的：学生应该很高兴见到他。弗洛姆的自负没有什么不对——或许我们也需要这样一种自负，才

---

[1] Funk, R. (1994). Foreword. In E. Fromm (1994). *The Art of Listening*. London: Constable, p.7.

[2] Chrzanowski, G. (1997). Erich Fromm's Escape from Sigmund Freud: An Introduction to "Escape from Freedom". *International Forum of Psychoanalysis*, *6* (3), 185–189.

能像他一样多产且富有创造力。

同样，莱塞 ① 也观察到：

> 人们有时候会把弗洛姆描述为一个在督导立场和分析立场上都比较咄咄逼人且武断的人。这一点或许不难理解，因为他与较为谨慎、传统的分析师不一样，他总是把关注焦点直接指向他看到的患者的核心取向和 / 或接受督导者的困难。

不过，其他一些学者，如陶伯 ② 等声称："弗洛姆是一个谦逊的人，他的直率并不是一种武断。"

这些充满矛盾的描述表明，弗洛姆一方面要努力应对因被视为智者大师而感受到的越来越大的压力，另一方面要努力致力于自我反省和个人发展。身处传统权威和教条在精神病学和咨询领域受到广泛挑战的时代，弗洛姆自己也为动摇制度做出了重要贡献（有时通过强硬和不妥协的方式，有时则通过反省和致力于爱的要旨的方式）。

伯斯顿的平衡分析（balanced analysis）似乎抓住了弗洛姆影响的许多不同方面。

> 有关他［弗洛姆］生活的记录见证了他的勇气、勤奋和雄心，见证了他的才智、智慧和怜悯之心，见证了他体验到的悲伤、愤怒和喜悦。即使偶尔有人说弗洛姆有些傲

88

---

① Lesser, R. M. (1992). Frommian Therapeutic Practice: A Few Rich Hours. *Contemporary Psychoanalysis*, *28*, 483–494.

② Tauber, E. S. (1981). Tributes. *Contemporary Psychoanalysis*, *17* (4), 448–449.

慢，没有安全感和教条主义，但几乎没有证据表明他在生活和工作中麻木冷淡、骄傲自满、逃避或伪善。①

评价弗洛姆的治疗取向

正如我们的讨论所表明的，弗洛姆有关治疗关系的观点超出了传统的精神分析。弗洛姆提出了一种混合取向，其中一部分是精神分析取向，一部分是人本主义取向。这表现在弗洛姆独特的反省性和参与性风格中，而且在任何情况下都不能将其称为"技术"。

在阅读弗洛姆有关精神分析和治疗的观点时，我们有时候可能会发现自己的思绪在弗洛伊德和罗杰斯之间飘来飘去，并努力想找出他们之间的清晰分界线。不过，虽然弗洛姆让自己与正统精神分析及罗杰斯学派的人本主义咨询保持距离，但他显然仍认为自己主要是在精神分析的保护伞下工作，更喜欢给自己的研究贴上"人本主义精神分析"的标签。

弗洛姆在借用和整合不同治疗取向的同时，也接受了来自不同阵营的一系列批评。人本主义心理学家认为，这种对潜意识的强调过于决定论。而正统的弗洛伊德主义者又怀疑，弗洛姆对精神分析的扩展是否还能让他跻身弗洛伊德主义者之列。最后，那些认为任何关于潜意识的概念都因太过模糊而不科学的人将拒绝接受弗洛姆的取向，因为弗洛姆的取向在这个方面同弗洛伊德太接近了。

史蒂文斯（Richard Stevens）② 提出，精神分析的价值在于

---

① Burston, D. (1991). *The Legacy of Erich Fromm*. Cambridge (Mass.) and London: Harvard University Press, p.232.
② Stevens, R. (2008). *Sigmund Freud: Shaper of the Unconscious Mind*. Basingstoke: Palgrave Macmillan, p.137.

它为我们提供了弄清潜意识意义之微妙的工具。这样的认识不会带来不容更改的确定性，但可以让我们暂时性地趋近对心理更为深入的理解。就像弗洛姆指出的，在这个过程中，分析师一直保持开放的学习态度非常关键。不过，这样一种关于可能性的心理学（psychology of possibilities），必须谨慎地阐述其结论，明确承认其局限性。对于弗洛姆的一些强有力的论断而言，情况并非如此。

不管我们如何看待弗洛姆取向的理论基础，我们都必须问一句：弗洛姆的干预是否取得了成功？当要求弗洛姆详细说明他的方法多有效时，弗洛姆的回答含糊不清："我现在不打算透露百分比的问题，因为，首先这是一个专业秘密或者说是商业秘密，其次，这个问题不是一两句话就可以说得清楚的。"①在 21 世纪发布的学校排行榜和外科医生手术死亡率，以及呼吁绩效工资的背景下审视这句话，我们认识到我们对专家的质疑已经发展到什么程度。在我们对专业人士的批判立场以及对透明度的期望中，这样的话语现在可能会被视为不专业的回避。虽然本章的证据表明，至少在某些人身上，弗洛姆的治疗效果是持久的，而且改变了他们的生活，但还是不可能基于任何更为具体的定量证据来评价弗洛姆的取向。

这里的描述清楚表明，弗洛姆会心的即时性、强度和活力对他的一些患者和接受他督导的人产生了重大影响。我们可以将此作为一种专业的建议吗？我们可能想知道，全职参与咨询或治疗的分析师可以在何种程度上与每一个来访者建立弗洛姆建议的那种深度的情感联系。"感觉另一个人的体验就好像是他自己的"②，这表明了一种可能会让一位拥有满额病例的分析师无法承受的工作强度。毕竟，弗洛姆可以在自我反省、分析

①② Fromm, E. (1994). *The Art of Listening*. London: Constable, p.40, p.193.

和写作之间调整自己的生活节奏。这种奢侈并不是全职分析师或咨询师能拥有的。

不过，弗洛姆同时也强调这种充满活力的接触具有的相互强化的特性。互动中的警觉、直觉和专注不会导致疲劳，相反，它们会激发更多的创造力和能量。因此，弗洛姆式的关联事实上可以帮助治疗师保持兴趣和关注焦点。不过，虽然这是一种让人耳目一新的具有创造性和直觉性的取向，但我们同样可以认为它是一种"仅以感觉"为基础的危险的、不明确且无法调节的取向。弗洛姆可能会这样回应：让治疗师和患者的关系有效发挥作用的正是这些微调的情感和直觉。

弗洛姆的取向还有一个特殊之处，那就是认识到关系的相互性："学生可以教老师，观众可以激励演员，患者也可以治愈精神分析师——只要他们不将彼此当成客体来对待，而是建立真诚和富有创造性的相互关系。"① 这句话表明，建立创造性工作关系的责任不仅在于教师或精神分析师，也在于学生或患者。创造性关联的建立需要双方共同努力。这样，不只关注作为专业人士的他自己，关系也成了焦点。不是通过给教师或咨询师施加越来越大的压力，而是通过仔细关注两个"中心"建立关系的方式来实现改善的目标。

正如我们在前面看到的，弗洛姆批判性地阐述了父母在导致潜意识冲突这一过程中发挥的作用以及社会环境的"疯狂"。弗洛姆提出："如果你了解大多数孩子的生活，那么你就会发现，父母之爱是有史以来人类虚构出来的最伟大的事物之一。"② 这样一种不必要的阴暗观点似乎忽略了许多父母与孩子之间彼此相爱的关系。诚然，很多家庭在协商改变和发展的过

① Fromm, E. (1975). *The Art of Loving*. London: Unwin Paperbacks, p.28.
② Fromm, E. (1994). *The Art of Listening*. London: Constable, p.53.

程中常常不得不经受情感的风暴。在有些家庭中，功能失调的关联会导致情感和身体上的虐待。不过，同样，也正是弗洛姆宣称的作为"爱之基石"的特质，让许多家庭度过一些困难情境（往往是异常困难的情境），从而紧紧团结在一起。[①]这看起来好像是弗洛姆的临床经验向他展示了一个相当黑暗的家庭形象，而忽视了另一个现实，即家庭之间的爱、尊重、关心和欢乐。

弗洛姆有关社会环境与家庭价值观之间紧密关系的建议，也引发了进一步的问题，即我们在精神分析中可以获得什么。如果个体由于消极的社会环境患上了神经症，而父母表现出的是一种冷漠消极的家庭价值观，那么治疗师到底能做些什么？此外，认识到个体与社会之间的关系也很重要，这样才能避免将社会问题重新界定为仅仅是个体的责任。这一点将在第五章和第七章进一步讨论。

上面的探讨已经详细概括了创造性关联的重要性，弗洛姆把创造性关联放在心理治疗方法的核心位置——或许有人特别喜欢说这是弗洛姆取向的核心。欣赏每一个人的独特之处，并对点燃患者和接受督导者生命与重生的火花保持一份真正的好奇心，是弗洛姆的治疗艺术的标志。

用比希勒（Sandra Buechler）的一次观察来结束这个关于弗洛姆治疗思想的章节或许比较恰当。[②]

　　　我认为，弗洛姆能够激发……勇气，因为他帮助我们

[①] Frude, N. (2003). The Family: A Psychological Perspective. In D. Watkins, J. Edwards & P. Gastrell (Eds.). *Community Health Nursing*: *Frameworks for Practice* (2nd ed.). Edinburgh: Ballière Tindall.

[②] Buechler, S. (2006). Why We Need Fromm Today: Fromm's Work Ethic. *Fromm Forum* 10/2006. Tübingen: International Erich Fromm Society, p.34.

对分析师的工作产生了强烈的目标感。阅读弗洛姆的作品让我有这样一种感觉，即当我工作时，我是在为**生命**而奋斗。他鼓励我热情积极地全面提升生活，用我的全身心照顾自己和他人的生命力量。这种强烈的目的感有助于我勇敢地面对作为一个有限的人类个体要面对的道德和情感上的不确定性，但同时又对其他生命产生深刻的影响。

第五章 社会出了什么问题？

弗洛姆不仅是一位作家和精神分析学家，还是一位积极的社会活动家，改变和改进人们组织生活的方式。他不仅从理论上批判分析了怎样建立更美好的社会，而且提出了一些实践性建议。在弗洛姆去世前不久的一次采访中，他这样说："很奇怪的是，大多数人竟然认为不用实践便可以过上好的生活。"①我们当然不能因为弗洛姆采取了这样一种超然的态度而指责他。除了紧张的自我反省、自我分析和治疗工作，弗洛姆也关注社会问题。从1927年到1994年出版的弗洛姆的作品清单中，可以看出弗洛姆对历史问题及当代社会问题的广泛兴趣。除了撰写精神分析和社会方面的一般性作品外，弗洛姆还评论了"二战"后德国的政治发展、奥威尔（George Orwell）的《1984》、尼尔（A. S. Neill）进步的夏山学校（Summerhill School）、越南战争（Vietnam War）和嬉皮士运动（Hippie movement）。弗洛姆参与改善社会的各种活动超出了他在著作和文章中表达的信息，包括信访运动（letter campaigns）、人本主义社会主义专题研讨，以及政党层面的激进主义。与同时代的许多其他精神分析学家不同，弗洛姆学习过社会学，而

---

① Funk, R. (2000). *Erich Fromm: His Life and Ideas*［An Illustrated Biography］. New York: Continuum International Publishing, p.164.

且终身关注社会结构如何影响个体，以及个体如何影响社会结构。

本章将简要介绍第二章有关"弗洛姆认为所有人都必须面对存在性需要"的早期探索，但会特意将它们与社会领域联系在一起。然后，我们将考察弗洛姆有关特定社会性格的发展何以与我们的需要相关联的历史记录。弗洛姆对20世纪20年代末德国工人的性格结构的调查提供了一个例子，说明了在弗洛姆看来个人过程和社会过程是怎样联系在一起的。在这之后，本章还概述了弗洛姆对当时社会的批判，以及他对社会改良的建议。

93　## 存在性需要的社会背景

弗洛姆提供了一种有关"人是什么"的别具一格且包罗万象的观点，他提出了生理因素、心理因素和社会因素之间动态的相互关系。弗洛姆对社会的探索牢固地建立在他对人的本质的认识之上。关键的问题在于，人因为拥有了有意识的觉察，从而失去了与自然的统一，并被驱逐出了这个统一的"天堂"。虽然摆脱了有关行为和目的的本能模式，但人身上依然存在其中暗含的所有脆弱性，因此我们接下来必须面对这样一个问题：如何在我们非常清楚人的局限的存在中找到意义。我们每一个人都必须忍受我们的生物性与自我意识之间的紧张关系，与此同时，社会也会发展出其自身特有的处理这些问题的方法。弗洛姆认为，社会要么有助于我们富有成效地处理存在性需要，要么就会阻碍我们的发展。

第一种存在性需要存在于**关联与自恋**（relatedness and

narcissism）的张力中。① 弗洛姆坚持认为，创造性的爱是解决这种张力的关键。此外，还包括**关心**（care）、**责任**（responsibility）、**尊重**（respect）、**知识**（knowledge）等品质，② 这些品质构成了我们团结经验的基础。

负性的一端描述的是，那些无法与他人建立有意义的关联并一直将自己锁在幻想中的人。他们只能根据自己的需要和对事件的看法来感知世界，要么屈从于他人并失去自己的个性，要么通过控制来否认他人的完整性。与此相联系的防御机制是**权威主义**（authoritarianism），弗洛姆将其描述为"个体为了获得自我缺乏的力量而放弃自我的独立性，将自我与自我之外的人或事融合在一起的倾向"。③ 这样的策略在社会层面也能观察到，例如，许多人被法西斯政权中某位强有力的领导吸引。弗洛姆分析了支持纳粹主义在德国兴起的心理过程，重点关注权威主义倾向的重要影响。正如我们将在本章后面部分看到的，弗洛姆对德国工人性格取向的评估为这些过程提供了一个例证。

第二种存在性需要是**超越需要**（need for transcendence）。超越需要是我们必须处理的问题。解决这个问题的途径有两条：在创造与破坏、爱与恨之间做出选择。弗洛姆宣称："它们都是对同一种超越需要的回应……不过，满足创造需要通常会带来幸福，而满足破坏需要则会带来痛苦，特别是对破坏者自身来说更痛苦。"④ 我们可以将破坏看成一种为摆脱无力感而采取的逃避行为。

弗洛姆提出的第三种存在性需要是**寻根**（rootedness）的需要。这里的张力来源于一种极性：**博爱对乱伦**（brotherliness

①②④　Fromm, E. (2002). *The Sane Society.* Abingdon: Routledge Classics, p.28, p.31, p.36.
③　Fromm, E. (2001). *The Fear of Freedom.* Abingdon: Routledge Classics, p.122.

versus incest）——这是弗洛姆描述的我们联系传统的方式。我们因自身的觉察能力而失去了与自然的统一，这会引起一种**无根的感觉**。我们可以通过发展出一种成熟的关联感和团结感来解决这一问题。寻根需要的一个极端是退行，弗洛姆称之为"乱伦"："人类将自己与自然、血脉捆绑在一起，从而阻碍了他的个性和理性的发展。他始终都是一个孩子，无力成长进步。"①

在社会层面上，一种特别常见的虽无济于事但为大家所熟悉的忠诚是我们对祖国的"爱"。

> 大民族主义是"乱伦"的形式，是盲目崇拜，是疯狂。"爱国主义"是狂热的信仰……我所说的"爱国主义"指的是那种将自己的民族置于人性之上，置于真理与公正原则之上的态度，而不是指对自己国家精神福祉和物质福祉的热爱，绝不是想让自己国家的权力凌驾于其他国家之上。②

弗洛姆还将此与缺乏客观性联系到了一起。缺乏客观性指的是将其他国家视为完全负面的，认为自己的国家是美德之所的倾向。对于一个青春期和成年期曾遭受大民族主义（这种大民族主义导致了第一次世界大战和第二次世界大战）蹂躏的人来说，有这些情感态度一点都不奇怪。当弗洛姆在第二次世界大战后和"冷战"时期紧张、猜疑的国际局势背景下撰写《健全的社会》一书时，他感受到更多关于自恋性大民族主义的例子。在《人类的破坏性剖析》一书中，弗洛姆说，群体自恋是

---

① ② Fromm, E. (2002). *The Sane Society*. Abingdon: Routledge Classics, p.36.

国家之间敌对状态的主要来源之一。①

弗洛姆将**同一性**视为存在性幸福的基础。弗洛姆认为,同一性是理解"我"(I)的体验的方式。弗洛姆强调:"由于人类存在的处境,所以我们需要同一性。同一性是大多数努力奋斗的源泉。"②通过成熟、理性的反思发展我们的个性,便可以富有成效地实现同一性。不过,弗洛姆提出,对同一性的需要,人们的反应往往不那么"理智"。我们在很大程度上将我们的个性淹没在了所谓的群体顺从(即人云亦云)之中,以至于很多人会为了保持这种与"群体"(这种群体包括国家、阶层、宗教等)的联系而做出各种各样的牺牲。

95

《健全的社会》一书中提出的最后一个存在性需要是**取向框构和忠诚的需要**。③我们必须能够理解自己在世界上的道德地位。弗洛姆宣称,对我们来说,拥有某一取向框构非常重要,即使这个取向框构是虚幻的。④弗洛姆强调大多数意识形态和宗教功能的相似性:虽然它们的内容各不相同,但它们都具有满足取向框架和忠诚的需要的共同功能。在考虑应该将哪些制度视为积极的,应该将哪些制度视为消极的时,弗洛姆回避了这个问题。他提出,不管我们是按照佛教"六字真言"的价值观,还是按照《圣经》"十诫"的价值观来生活,世界都将变得更加美好。如他所见,主要的问题在于:人们不是按照信仰背后的道德标准生活,而是屈从于一些与团结和爱的价值观相悖的意识形态。因此,我们应该将**共同的人本主义原则**(common humanistic principles)视为评价任何思想体系的最终尺度:"所有人的团结以及对生命和人类的忠诚……必须始终

---

① Fromm, E. (1997). *The Anatomy of Human Destructiveness*. London: Pimlico, p.276.
②③④ Fromm, E. (2002). *The Sane Society*. Abingdon: Routledge Classics, p.61, p.61, p.62.

优先于对任何特定群体的忠诚。"①

历史背景中的社会性格

在弗洛姆看来，为了理解**自由**（freedom）、**关联**（relatedness）的需要与现代社会中普遍存在的性格结构之间的关联，有必要进行历史分析。特别重要的是，中世纪晚期（在资本主义经济支持和新教精神的支持下）**个人主义**（individualism）的发展。②弗洛姆认为，这样一种历史分析可以让我们更加深入地洞察法西斯主义和现代民主政治的发展。③

弗洛姆强调，中世纪社会的主要特征之一是人与人之间的深层联系，这种联系甚至到了这样的程度，即当时的人并不觉得自己是独立于社会的个体。这意味着，围绕生命意义的问题很容易回答，或者根本就不会有人提出这样的问题。意义来源于教堂、国家这样的社会结构——牢牢扎根于一个几乎不给个体选择的社会。要想在社会秩序和形而上的秩序中获得这样一种确定感和安全感，要付出的代价是屈服于僵化的社会结构。

96   弗洛姆宣称，临近中世纪尾声，出现了一种新的更为动态的个人主义意识。"每一个个体都是孤独的。一切都取决于他自己的努力，而不是传统地位给他的安全感。"④人们对自身生活出现的这些变化的理解，一方面受科技的影响，另一方面反过来也促进了科技的进步。例如，随着机械钟的发明，新的工作态度也出现了。

---

①② Fromm, E. (1968). *The Revolution of Hope: Towards a Humanized Technology*. New York: Harper and Row, p.137, p.31.

③④ Fromm, E. (2001). *The Fear of Freedom*. Abingdon: Routledge Classics, p.121ff, p.51.

弗洛姆提出，在此期间，人们失去了安全感和归属感。旧的结构不再被视为不可改变之物，而一种新的自由意识开始渗透到科学讨论和宗教讨论之中。随着新教思想的发展，传统的教会结构动摇了。路德（Martin Luther）和加尔文（Johannes Calvin）提出了与上帝之间更为个人化的关系的观点，这些观点挑战了当时腐败的天主教教皇制度。虽然这带来了迄今为止难以想象的个人自由，但也导致日益增长的不安全感和孤独感。

弗洛姆是这样描述在新兴的新教和资本主义特定条件下产生的性格结构的发展的。

> 新教满足了那些内心恐惧、无根且孤独之人的需要，这些人必须确定方向，并让自己与新世界建立关联……那些植根于这种性格结构的品质——强迫工作，酷爱节俭，随时准备把个人的生活当成一种工具以达到获得外在权利、实现禁欲主义和强迫性责任的目的——就是性格特征，它们是资本主义社会中的生产力，没有它们，现代经济发展和社会发展便是不可想象的事情……［它们］……反过来又会成为促进经济发展和影响社会进步的重要因素。[1]

对于这些发展的一种心理反应是——采取一种权威主义取向。权威主义取向的人的特征是，他们害怕自由，屈从于那些高于自己的权威，同时又支配那些在他们看来低于他们的人。弗洛姆从精神分析的视角阐释了路德的生活，以说明权威主义取向在此期间是怎样发展起来的。路德常常因为其反抗教皇和

---

[1] Fromm, E. (2001). *The Fear of Freedom*. Abingdon: Routledge Classics, p.88.

国教的举动而被人们视为当时社会状况的反叛者和挑战者。①
不过，在 1941 年第一次出版的《逃避自由》中，弗洛姆认为，
路德从根本上看是一个权威主义取向的人。② 这种取向体现在
路德这样一种观点中，即路德认为人与上帝的关系是一种**自
我否定的屈服**（self-denying surrender）。路德还用华丽的辞藻
鼓吹向世俗权威屈服，弗洛姆引用了路德作品中的一段话来证
实他的评价："不管政府多么邪恶，上帝都宁愿忍受它的存在，
也不愿让乌合之众暴动，而不论他们这样做是多么正当……无
论一位王子多么暴虐，王子始终都应该是王子，他必定只能斩
首少数几个人，因为他必须有臣民才能成为统治者。"③

　　《逃避自由》出版 15 年后，同是分析师的埃里克森也从
精神分析的视角分析了路德。事实上，埃里克森在从事这个研
究期间曾跑到墨西哥拜访了弗洛姆一家④（虽然弗洛姆和埃里
克森似乎并没有进行广泛的思想交流⑤）。埃里克森对路德的
分析重点关注了同一性的发展，而不是社会冲突。两位研究者
从不同的视角探讨了同一个人的性格，这既反映了他们各自的
研究兴趣，也反映了他们提出各自观点的时代的主导问题。一
方面，弗洛姆提出其观点的背景是希特勒的纳粹政权，他看
到，权威主义是纳粹政权的主要特征；另一方面，埃里克森对
路德的分析写于越来越自由且选择性越来越大的战后时期，埃
里克森认为，在这个时期，对同一性的寻求发挥着非常重要的
作用。

　　虽然弗洛姆因其对资本主义的批判而为众人所周知，但
他确实也强调资本主义对个体自由发展的重要性。个体通过工

---

①④⑤　Stevens, R. (2008). *Erik Erikson: Shaper of Identity*. Basingstoke: Palgrave Macmillan, p.86.

②③　Fromm, E. (2001). *The Fear of Freedom*. Abingdon: Routledge Classics, p.72.

作和积累财富提高社会地位的能力使个体有了新的自由：个体
的社会背景不再是影响成就的唯一因素，努力工作也能带来更
好的生活方式。从这个意义上说，资本主义和新教教义促成了
一个积极主动、自我导向且负责任的个体的发展。这些观点很
重要。鉴于弗洛姆普遍尖刻的社会批判，我们很容易忽略这些
观点。

　　早期资本主义社会为个体提供了新的自由机会，但在人
际关系方面，**控制**（domination）和**剥削**（exploitation）严重
限制了我们可以发展出一个以人为本的社会的程度。例如，在
劳资关系中，权力强大的工厂老板显然比权力极其有限的工
人占优势。弗洛姆认为，在团结互助的支持性社会背景下，个
人自由增加是人本主义方面取得进步的基础。不过，弗洛姆
提出，我们并没有以这种积极的方式取得进步。我们让消费
的诱惑和过度消费主义控制了我们，而不是培养自由和爱的
关系。①

98

　　在探讨弗洛姆认为的"他所处的社会出了什么问题"的关
键点之前，我们先考察一下纳粹主义兴起前夕，弗洛姆是怎样
用他的思想观点研究德国社会的心理和社会发展的。

对 20 世纪 20 年代德国工人的社会性格分析

　　弗洛姆以下面这样一些假设为基础，提出了关于个体与社
会之间相互作用的观点：社会是以不同的方式（例如，围绕生
产和分配的方法）组织起来的。因此，我们能观察到一些特定
的状况，如不同的工作方式、教育和家庭系统。个体的心理需

---

① Stevens, R. (2008). *Erik Erikson*: *Shaper of Identity*. Basingstoke: Palgrave
Macmillan, p.83.

要必须符合其中的一些安排，同时也对其产生影响。因此，这通常会导致社会结构与个体心理之间的动态适应过程，而社会的改变往往会引起新的需要和关注。新的想法可能会"突然"出现，因为它们楔入了个体层面的心理过程。接着，它们会成为社会的普遍规范，不仅会影响个体的行为方式，而且会影响社会的组织方式。例如，社会结构可能会让某些特定群体感到恐惧和嫉妒。这些情绪会影响个体的心理，使他们更容易受那些承诺解决这些问题的意识形态的影响。①

在早期与一些同事合作进行的研究中，弗洛姆利用其中的一些观点，对德国工人的政治取向和意识形态取向进行了一次问卷调查。这项研究是 20 世纪 20 年代后期在法兰克福社会研究所的赞助下进行的，而且人们对弗洛姆提出的**权威主义性格结构**（authoritarian character structure）概念的兴趣持续了十多年。② 弗洛姆的研究试图将精神分析的一些原理——探索潜意识以及隐藏于表面背后的内容——作为方法，系统地探索个体状况与社会状况之间的动态关系。弗洛姆的研究还试图将精神分析原理与马克思主义理论结合在一起。

调查问卷的题目包括工人的哲学与政治取向、个人品位，以及关于生活方式等问题的一般价值观，如对儿童的教养、对女性时尚的态度等。我们完全惊叹于被问及的 271 个问题的范围与层次，例如，哲学与政治方面的题目："你认为个人能为自己的命运负责吗？""你认为怎样才能阻止另一场世界大战的爆发？"再比如，关于生活方式的一般性问题："你习惯在面包

99

① Stevens, R. (2008). *Erik Erikson*: *Shaper of Identity*. Basingstoke: Palgrave Macmillan, p.110.

② Funk, R. (2000). *Erich Fromm*: *His Life and Ideas*［An Illustrated Biography］. New York: Continuum International Publishing, p.74.

上涂什么? 人造奶油、黄油、猪油、果酱, 还是别的什么?" [1]

受反思、披露自己的意愿、完成问卷所需的时间, 以及完成这样一份详细的问卷所需的识字量的影响, 此次问卷调查的回收率相当低, 这一点毫不让人意外: 通过各种机构, 如医院门诊、图书馆等发出问卷 3300 份——回收率大约为三分之一。正如弗洛姆自己所承认的, 过于详细的问卷有侵犯隐私的危险, 而且个人问题能问到答案的程度是有限的。 [2] 不过, 即便如此, 这次调查也获得了大量的数据。由于在 20 世纪 30 年代弗洛姆自己的生活频繁变动, 因此后来并没有对这些数据进行系统处理。

法兰克福社会研究所原本打算于 1936 年发表这次调查的结果, 但由于弗洛姆和法兰克福社会研究所之间的矛盾越来越大, 因此没能如期发表。直到 20 世纪 70 年代末, 德国社会学家邦斯 (Wolfgang Bonss) 恢复了一些依然可用的数据, 并在1980 年发表了这项研究的结果。 [3] 邦斯给出了两个他觉得让他人理解这些材料很重要的原因。第一, 这些材料对 20 世纪 20 年代魏玛共和国经济和政治动荡不安的背景下, 德国人生活中一些突出的关切点和问题进行了令人印象深刻的历史叙述。第二, 弗洛姆的研究可以被视为法兰克福社会研究所赞助下的研究史的一部分, 应该得到大家的认可。

以下这些假设是弗洛姆取向的基础。弗洛姆认为, 当时的左翼政党 (在希特勒上台之前的选举中获得了相对的胜利) 推

[1] Fromm, E. (1980). *Arbeiter und Angestellte am Vorabend des Dritten Reiches*: *Eine sozialpsychologische Untersuchung*. Stuttgart: Deutsche Verlags-Anstalt.

[2] Fromm, E. (1999). *GA III Empirische zum Gesellschafts-Charakter* (1936 , Autorität und Familie. Geschichte und Methoden der Erhebungen), 225−230.

[3] Bonss, W. (1980). Kritische Theorie und empirische Sozialforschung: Anmerkungen zu einem Fallbeispiel. In E. E. Fromm (1980b). *Greatness and Limitations of Freud's Thought*. London: Jonathan Cape.

进了特定的世界观，而不只是提出一些政治问题。左翼政党的意识形态观念包括平等、自由、和平，以及与受压迫者团结在一起。因此，弗洛姆预期，在那些给左翼政党投票的人的性格结构中，这些价值观是显而易见的。弗洛姆认为，这些理想的表达与一种**革命性人格**（revolutionary personality）特征有关。① 革命性人格的对立面是前面提到过的权威主义取向，这种取向违背了革命性人格的核心，即平等、自由和和平的观念。

100 对这些问卷调查结果的分析，揭示了对这些价值观的潜意识表达。弗洛姆发现了显性政治认同与潜在性格结构之间的差异。例如，我们可以预见，一些工人在公开的政治问题上倾向于左翼政党，但在一些不太明确的生活方式问题（例如，家庭教养方式）上表现出权威主义的倾向。

弗洛姆区分了不同的反应模式。

在一些人（大约 15%）身上，政治倾向和意识信念看起来好像是相互匹配的。他们是平等、自由、和平等原则的狂热支持者。弗洛姆提出，这些人最有可能抵制希特勒的阴谋诡计，而且，事实上确实有许多持社会主义信念的人在集中营丧生。

相反，其他一些人（大约 10%）则表现出权威主义性格结构。他们一开始之所以支持左翼，可能不是因为他们的理想，而是因为他们贪婪、嫉妒的动机，以及他们的希望，即希望社会变革能够给他们带来一些权利和财富。这群人更有可能成为纳粹政权的积极支持者，因为他们身上体现了纳粹的压迫价值观和权威主义倾向。

---

① Funk, R. (2000). *Erich Fromm*: *His Life and Ideas* ［An Illustrated Biography］. New York: Continuum International Publishing, p.90.

大多数人（大约 75%）不是任何一方的狂热支持者，相反，他们身上表现出一种混合取向。弗洛姆和他的同事指出，这个群体容易受纳粹宣传的影响（虽然他们不像前一个群体那样对其有强烈的信念），这些宣传以他们的情绪为目标，并与他们性格结构中的攻击性／权威主义方面相契合。

弗洛姆的结论有助于解释投票者向希特勒纳粹统治的无缝转变——尽管左翼政党拥有激进的意识形态，但他们代表的价值观可能并不是那些给他们投票的人的性格结构的一部分。

不过，这些调查发现的有效性可能会让人怀疑。毕竟问卷回收率很低，而且调查样本可能并不特别具有代表性。另外，我们可能还想问这样一个问题：我们是否真的能从这些关于态度、偏好的回答中推断出潜意识的价值取向。弗洛姆强调，他自己关注的是"性格取向"，而不是那些精确的数字和相关性。① 不过，我们可以问，是否有可能从这些问卷调查的结果推断出稳定的性格取向。

无论我们如何看待弗洛姆的概念或方法的有效性，这项研究依然是那个时代一面富有极大吸引力的镜子。任何试图详细描述 20 世纪 20 年代末德国工人的生活方式和品位的人，都可以从弗洛姆的数据中找到丰富的信息。例如，已婚妇女对有偿就业、爵士音乐欣赏和家具陈设等方面问题的回答，提供了在走向根本变革和冲突的社会"普通"人生活的快照。

101

"二战"后的社会问题："疯狂"社会中的异化个体

在社会评论方面，弗洛姆感兴趣的主要领域是分析他所处

---

① Fromm, E. (1980b). *Greatness and Limitations of Freud's Thought*. London: Jonathan Cape, p.52.

的美国社会，以及这种分析与他认为的人性的基本品质相冲突的方式。弗洛姆在一些主要出版物，如《逃避自由》（1941），以及之后的《为自己的人》（1947）和《健全的社会》（1955）中进行了简要的批判性分析。这种批判性分析一直持续到了《希望的革命：走向人性化的技术》（1968），这是弗洛姆最为公开的政治著作，是他在支持民主党人 E. 麦卡锡竞选总统期间撰写的。这种批判性分析在弗洛姆最后一本著作《占有还是存在？》（1976）中也显而易见。弗洛姆在这些著作中传达的信息非常明确：现代社会在一些重要方面不能满足我们的基本需要，也不能提供一个有利于我们最佳发展的环境。

　　虽然弗洛姆并不否认现代社会也对我们产生了许多积极影响这一事实，但他通常倾向于将关注的焦点集中于消极方面。这一点与他所处的那个时代的社会经济背景相关，值得关注且让人感兴趣。《健全的社会》写于 20 世纪 50 年代，这是从第二次世界大战的影响中恢复过来的时期，而且当时的社会对科学、经济和技术的进步寄予了厚望。在这样一个乐观主义的"黄金时代"，社会批判必然与许多美国人的内心想法相去甚远。随着西方社会与东方社会之间的关系日益紧张，弗洛姆的社会主义思想受到强烈的怀疑。芬克指出，弗洛姆在政治方面的努力事实上确实引起了美国联邦调查局的注意，他们保存了大约 600 页关于弗洛姆的档案。[①] 不过，就像伯斯顿所强调的，令人惊讶的是，弗洛姆对"冷战"和越南战争政策直言不讳的反对，并没有让他像其他提出相似批判的人一样遭受更为直接的迫害。[②]

[①]　Funk, R. (2000). *Erich Fromm: His Life and Ideas*［An Illustrated Biography］. New York: Continuum International Publishing, p.145.

[②]　Burston, D. (1991). *The Legacy of Erich Fromm*. Cambridge (Mass.) and London: Harvard University Press, p.27.

那么，弗洛姆认为他所处的社会在哪些方面不能或不愿意提供有利于健康的、富有创造力的人的发展条件呢？弗洛姆描绘了一幅凄凉的 20 世纪社会的画面。"19 世纪的问题是**上帝已死**（God is dead），20 世纪的问题则是**人已死**（Man is dead）。"① 弗洛姆预期，除非采取紧急行动，否则，"在一个异化和自动化导致越来越严重的疯狂现象的系统内，消极趋势将继续存在。生活没有意义，没有欢乐，没有信仰，没有现实。每一个人看起来都'很幸福'——除了没有感觉，没有理智，也没有爱。"② 弗洛姆提出了"**常态病理学**（pathology of normalcy）的概念，特别是……当代西方社会的病理现象"。③ 疯狂现象并不一定仅发生在患有障碍的个体身上，社会也可能会发展出功能失调的结构和交互模式。这些结构和交互模式可能成为社会的主导，以至于大多数人甚至没有意识到他们的人类需要没有得到满足。

消费主义的危险

弗洛姆看到，在他所处的社会，大多数人都是异化的，他们在空洞的消费主义的凄凉环境里漫无目的地飘着。

> 当代工业社会中人的被动性是人最具特色的病理特征之一。他不停索取，希望有人养他，但自己却一动不动，也不主动……人的被动性……我们可以称之为"异化综合征"（syndrome of alienation）这样一种总体综合征中的一个症状。④

①②③ Fromm, E. (2002). *The Sane Society.* Abingdon: Routledge Classics, p.352.
④ Fromm, E. (1968). *The Revolution of Hope*: *Towards a Humanized Technology.* New York: Harper & Row, p.39.

消费主义已成为我们应对不安全感和无能为力感（不安全感和无能为力感是 20 世纪发展的标志）的非创造性方式。虽然社会可能已变得更加富有，但我们的焦虑感、厌倦感和孤独感至今依然没有得到解决："每个人都被哄骗着去买尽可能多的东西，而且是在攒够买这些东西的钱之前。"① 广告鼓励人们通过购买商品来定义他们自己，即使有些商品可能会伤害他们的身体健康——例如，烟和酒。

这些过程一方面要求人们感到"自由"，另一方面又要求他们有足够的延展性来接受这种消费体系。人们一方面屈服于市场力量的支配，另一方面又心怀幻想，即幻想他们这样做是出于自己的自由意志。弗洛姆把现代社会的问题牢牢地堆到了资本主义的大门上。一个认为商品交换至上的社会通常不会公正地对待人的品质：它往往会将人与人之间的互动商品化，并将这些互动归为经济交换。

在弗洛姆看来，由消费主义社会加剧的特定的消极方面是**无挫折原则**（principle of non-frustration）。我们期望每一个突发奇想都能立即得到满足——很可能也明显地表现在个人的高额债务中，这无疑是 21 世纪西方资本主义的一个特征。这不同于以前时代的人们的行为："资本主义的典型代表一般都享受工作——而不是消费"。②

弗洛姆承认，对现代社会的分析可以从多个不同方面进行，这取决于"研究者的特定兴趣"。③ 或许我们不应该惊讶于弗洛姆的选择——将关注点集中于异化。弗洛姆本人一定已经发现，美国在第二次世界大战后的消费热潮与欧洲在第二次世

①③　Fromm, E. (2002). *The Sane Society.* Abingdon: Routledge Classics, p.105.
②　Fromm, E. (2001). *The Fear of Freedom.* Abingdon: Routledge Classics, p.96.

界大战前关于教养的一些价值观（其中，教育和学习似乎比消费和获取更受青睐）完全不同。弗洛姆声称，这种异化往往会导致一种深深的不幸福感，而这种不幸福感仅仅是因为我们徒劳地试图让自己通过购买来摆脱根本的孤独感。

顺从非理性权威

在第二次世界大战后信息产业和技术迅速发展的环境中，这种异化综合征似乎更加严重了。虽然我们不再受传统权威（如教会、国家等）的严密束缚，但我们的自由从某种程度上可以说是虚幻的。权威已变成匿名，它们更加容易改变，不再那么切合实际，而且与日益增长的非个人化官僚主义及日益常规化的工作环境有关。

自动化顺从（automaton conformity）似乎是现代社会发展出来以应对**存在性孤独**（existential isolation）的主要防御机制。通过变得和大多数人一样并遵循大多数人的模式，我们发展出了安全感，却付出了失去个性的代价。这个自动化顺从的过程通常是内隐的，而且很难追踪，因为我们只接受那些看似"正常"和"自然"的东西。① 社会的价值观不利于我们发展出与人类需要相一致的创造性取向。个性和自由的发展潜能一直存在，但我们没有意识到。

政治过程（political process）本身也牵涉进了异化综合征。民主面临着仅仅成为一种操作实践的危险。

104

　　在一个异化的社会，人们表达意愿的方式与他们选择购买商品的方式并没有太大的不同。他们倾听宣传的鼓声，而事实与鼓棒敲出来的暗示性噪声相比，几乎没有什

---

① Fromm, E. (2001). *The Fear of Freedom*. Abingdon: Routledge Classics, p.96.

么意义可言。①

在这样的背景之下，弗洛姆也提到了一种**民主取向**（democratic orientation），这种取向描述的人尊重他们自己以及其他人的权利，而且他们觉得，每一个人都应该参与决策过程。民主取向的基础是人本主义价值观，而且它承认理性权威。与强加的权威不同，这种关系建立在专业的基础之上，如一位称职的教师与一位愿意学习的学生之间的关系。随着学生不断学习，他们之间的差距将不断缩小，他们之间的关系也将成为一种平等的关系。

异化综合征的证据

健全的社会需要建立在人本主义的基础之上，否则，我们将遭受异化的折磨。弗洛姆认为，现代社会组织异化了我们，以至于在某些情况下，我们可以将心理疾病看作是对疯狂环境的理性反应。

在弗洛姆看来，"健全"一词显然传达了一个关于社会应该如何组织的重要信息。《健全的社会》一书的标题就表明了其特点，该书明确阐释了弗洛姆关于"社会为什么从本质上说不是'人'"的观点。SANE也是美国核裁军运动中一个非政府组织的名称（弗洛姆也参与其中）。就像杰克（Homer A Jack）所强调的，这个名称不是一个首字母缩略词，而是一个单词，弗洛姆发现这个单词特别适合作为一个反对他看到的疯狂的全球军备竞赛的团体的名称。

为了支持以下观点，即由于社会缺乏对我们生存的基本

---

① Fromm, E. (2002). *The Sane Society.* Abingdon: Routledge Classics, p.107.

方面的考虑,从而让我们失望并导致我们生病,弗洛姆求助
了那些支持他提出的**社会顽症**(malaise in society)观念的
资料。弗洛姆把自杀率、杀人率〔两者都被称为**破坏性行为**
(destructive acts)①〕和酒精中毒的发生率作为一个社会量表上
表示异化的客观指标。弗洛姆承认,在处理这些比率时遇到了
一些困难(比如,不同国家在将自杀记录为死因的可能性方面
存在差异),但他宣称,(按照 1946 年的标准)在这些指标上,
较为富裕的国家(如丹麦、瑞士、美国)比相对较贫穷的国
家(如挪威、爱尔兰)表现出更高的比率。基于弗洛姆的论证
思路,弗洛姆得出结论:"欧洲最民主、最和平、最繁荣的国
家和世界上最繁荣的国家——美国表现出最为严重的心理障碍
症状。"②

105

　　有趣的是,从人均国内生产总值来看,挪威和爱尔兰现在
已位列欧洲最富裕的国家之列。最近一次调查发现,虽然挪威
的自杀率略高,瑞士的自杀率仍居高不下,但美国和爱尔兰的
自杀率都不是特别高。不过,我们也必须指出,这些统计数据
反映了不同社会对自杀的复杂含义的态度。例如,在瑞士,绝
症晚期患者选择终止其生命是合法的——这可以被视为一种积
极主动的选择,而不是抑郁和异化的迹象。我们必定会怀疑,
这样粗糙的测量工具在多大程度上准确反映了一个特定社会的
心理构造的确切本质。弗洛姆的一些陈述倾向于过度泛化。不
过,这里的关键问题是弗洛姆提出的这样一种观点,即一个看
似富裕的社会并不一定是一个理想的社会。无论从弗洛姆的
历史视角,还是从我们对 21 世纪西方社会的评价这一角度看
(参见第七章),这个观点都值得探索。

---

①② Fromm, E. (2002). *The Sane Society.* Abingdon: Routledge Classics, p.7, p.10.

如何让社会恢复正常？

虽然弗洛姆的社会分析有时候充满了火药味，但他的研究自始至终都贯穿了一股强烈的乐观情绪。弗洛姆像先知一样指出了两条清晰的道路：一条引导着我们走向救赎；另一条似乎会将我们引向消极与毁灭。这些建议听起来像是一种政治宣言，或者更像是一种宗教布道，反映在下面这样一些问题当中，如："大多数人都能变得心智健全吗？——或者，大多数人会利用人类理性的最伟大发现来实现其自身的非理性和疯狂的目的吗？"弗洛姆认为，我们的基本选择是，在理性（越来越强调人本主义）与非理性（一个机械化的破坏性社会）之间做出选择。

106　　可以将弗洛姆提出的建立一个健全社会的建议总结如下：

　　　　在这样一个社会，没有哪个人是他人达到其目的的手段，他总是毫无例外地成为他自己的目的。因此，在这样一个社会，没有人会被利用，也没有人会为了除展现其自身人类力量之外的目的而利用自己。在这样一个社会，人是中心，所有的经济活动和政治活动都服从于人的成长这一目的。在一个健全的社会，人们不可能用像贪婪、剥削性、占有欲、自恋这样的品质来获得更大的物质利益或提高个人的声望；在一个健全的社会，根据良心行事被看作一种基本的、必要的品质，而机会主义和缺乏原则被视为反社会的品质；在一个健全的社会，每一个人都关注社会问题，因此社会问题也就成了每一个人的事情……而且，一个健全的社会通常允许人们在可控制和可观察的范围内行动，并允许他们积极主动且富有责任地成为社会生活的

参与者，以及他们自己生活的主人；一个健全的社会促进
了人类的团结，不仅允许而且鼓励社会成员彼此之间建立
相亲相爱的关系；一个健全的社会通常能够促进每一个人
在工作中表现出创造性活动，促进理性的发展，并使人能
够在集体艺术和仪式中表达其内在的需要。①

这些关于建立**人本主义的共产主义社会主义**的建议，看起
来就好像是一个强有力的愿望清单。不过，建立这样的社会也
会引发许多复杂的问题，其中一些问题将在下文讨论。弗洛姆
非常清楚的一点是，改变能通过快速、渐进的改革（而不是革
命）实现："我认为，唯一能够把我们从自我毁灭中拯救出来
的力量是理性……暴力和武器拯救不了我们，理智和理性可能
会。"因此，任何改革都必须将教育和信息置于中心位置。出
发点必须是"规划，这种规划涉及系统人，而且以从审视人类
最优机能中得出的规范为基础"。②

弗洛姆提议，社会中的经济组织、政治组织和文化组织都
必须进行改革。弗洛姆不仅对这三个领域的改革提出了建议，
他还声称，这三个领域的改革必须同时进行。"对每一次改革
而言，仅限于**一个**领域的改革都具有破坏性。"③ 这一观点使弗
洛姆的理想进一步超出可能实现的范围。

107

不同于异化工作模式的创造性模式

在弗洛姆看来，工作在确保我们以一种富有成效的方式
与社会体系保持联系的过程中起着关键的作用。在合作的环境

---

① ③ Fromm, E. (2002). *The Sane Society.* Abingdon: Routledge Classics, p.94, p.353.

② Fromm, E. (1968). *The Revolution of Hope*: *Towards a Humanized Technology*. New York: Harper & Row, p.94.

中，工作还为我们提供了目的感和意义感，让我们获得心理上的满足。弗洛姆强调社会主义各个方面的好处，尤其是工人积极主动参与工作场所管理的观念的好处。不过，弗洛姆质疑马克思主义者的一些做法，认为他们**仅仅**强调经济因素的重要性，而忽视了人类心理的复杂性，包括道德方面和人际关系方面。弗洛姆指出，马克思主义学说的许多追随者都陷入了"不折不扣的教条主义"中。[①] 相反，弗洛姆强调在看待工作和工人的关系时与共产主义社会主义者保持一致的好处，例如欧文（Robert Owen）[②] 以及欧文传统的追随者。欧文促成了与人本主义价值观相一致的劳资关系，欧文为工人提供住房和受教育机会，鼓励他们积极参与社区事务。弗洛姆这样系统阐述他的理想："每一个工人都将是主动积极且富有责任心的参与者，在这种理想状态下，工作不仅具有吸引力，而且富有意义，在这种理想状态下，不是资本雇用劳动力，而是劳动力雇用资本。"[③]

到了 20 世纪下半叶，弗洛姆提出，情况不是这样了。在比较以前生产优质产品的工匠的工作条件与工业化大规模生产的工作条件之后，弗洛姆提出，异化是现代生产过程的一个主要特征。我们不再直接对我们生产的产品负责。相反，技术和生产指标已发展成为一个动态过程，而在这个过程中，个体是无能为力的，而且个体对最终产品的贡献也不再具有任何内在的意义。

在弗洛姆看来，我们需要恢复工作的意义，并让工人重新产生一种自身的价值感。弗洛姆为此提出的实际建议主要围绕

①③　Fromm, E. (2002). *The Sane Society*. Abingdon: Routledge Classics, p.255.

②　若要更详尽了解欧文的观点，可参见，Donnachie, I. (2000). *Robert Owen: Owen of New Lanark and New Harmony*. East Linton: Tuckwell Press.

见多识广的工人（well-informed workers）这一概念，这样的工人通常会积极主动地参与组织结构和组织过程的每一个方面。

弗洛姆的想法能实现吗？有人可能会提出许多疑问。首先，有一些人可能真的太懒，不愿意以本着良心的方式来处理工作，并有可能试图用最少的努力来敷衍了事。弗洛姆反驳指出，懒惰本身其实就是经济关系机能失调的标志，我们自然的健康状态应该是这样的：我们享受生产活动，并觉得无所事事是一件让人感到压抑的事情。因此，弗洛姆提出，面对这样的状况，我们接下来要做的应该是创造合适的社会经济条件，并摆正工作态度。

108

其次，如果工人的选择及其对工作环境的控制被视为必要的，那么人们真的会自由地选择更不合意的工作吗？弗洛姆很不客气地用简短的话语反驳了这个反对意见，说这个问题可以通过人们倾向的多样性来解决："任何一种工作都会吸引某些特定类型的人。"[①] 这是一个大胆的观点：劳动力短缺以及随后为吸引经济移民而做出的努力（基于经济奖赏而非个人奖赏）提供了反对弗洛姆观点的证据。

弗洛姆的一些建议适用于那些有内在奖赏的职业，以及那些工人在很大程度上能控制其工作进度和产品的职业——例如，艺术家。同样，人际关系的创造性也可以为教师或护士提供这样的满足感。不过，现实也有可能是这样的：社会因其功能而需要人们从事一些没有意义且让人麻木的工作。工人从事这些工作几乎可以说完全是受经济利益驱使的。不过，弗洛姆呼吁更人本主义的工作实践，至少有助于改善那些工作的条件。

此外，弗洛姆还提出，需要进一步加强就业选择和自由——而且，我们观察到，在 21 世纪，一些国家的工作情况

---

① Fromm, E. (2002). *The Sane Society.* Abingdon: Routledge Classics, p.276.

在这个方面已经取得了一些进展。弗洛姆提议，要保证每一个公民的最低生活保障，这可以通过社会保障制度来施行，每一个公民最多可申请两年。因此，工人出于个人的原因，或者需要新的挑战，准备换一份工作时，就可以选择休假。这将让工人不再感到恐惧和焦虑——例如，不敢清楚表明自己的想法，以免危及工作——相反，这将促进工人与雇主之间的相互尊重，从而提升工人的创造力。通常一些不愉快的劳资关系，会导致工人患与压力有关的疾病，进而产生一定的费用。现在有了这一计划，可以将这部分费用节约下来。[1] 这让我们看到了诱人的前景：再也没有心怀不满，早就不再对工作充满热情，不能全身心投入工作，却因为经济原因而继续坚守在关键岗位上的工人了。当工人觉得当前的工作不再具有刺激性，或者不再适合某个特定的生活阶段，那么他们可以寻求新的挑战，而这项保障制度或许可以帮助他们摆脱这份工作。

不同于疯狂消费的创造性消费

虽然社会保障制度提供了不同紧密程度的安全网，但弗洛姆的观点更有说服力。弗洛姆提倡："消费模式要朝着有助于激活和抑制'钝化'的方向改变。"[2] 弗洛姆质疑了我们痴迷于物质商品的行为，并建议对资源进行重新定向。他提出，我们可以努力改善社区公共设施、租房、公共交通和文化社区建设，推进私人领域的活动向公共领域的活动转变等，而不是制造不必要的私人消费品。在发表于 1966 年的《有保证收入的心理学方面》（*Psychological Aspects of the Guaranteed Income*）一文

---

[1] Fromm, E. (2002). *The Sane Society*. Abingdon: Routledge Classics, p.331.

[2] Fromm, E. (1968). *The Revolution of Hope: Towards a Humanized Technology*. New York: Harper & Row, p.95.

中，弗洛姆更直接地提出了他的建议。例如，他主张，人们不仅可以免费获得基本的食物和住房，还可以免费接受医疗和教育，以及参与文化活动。弗洛姆推断，这样的举措会对我们的心理取向产生深远的影响。弗洛姆观察到，西方社会即将进入富足的状态，这将使他们的公民能够自由地将其精力投入到更具创造性和关联性的生活方式中。他们也就可以摆脱一个人们在其中不停争夺稀缺资源，并有可能发展出贪婪、妒忌心理的社会了。

弗洛姆承认，这是一种具有挑战性的制度，因为我们都深深地扎根于先前时代的竞争性假设中。不过，他预测，一旦我们知道我们在任何时候都可以获得基本的食物，如面包、水果等，那么贪婪心理就会消退，更加普遍的团结感就会发展起来。

随着这些发展的出现，弗洛姆强调将我们的最大消费制度转变为**最佳消费**（optimal consumption）制度的重要性。他用来证明这样一种制度可行的证据是我们使用免费公共设施的情况。免费公共设施似乎并没有助长贪婪和过度消费。例如，免费参观博物馆和免费进入图书馆并没有导致人们为了觉得自己高邻居一等而过多地涌向这些地方。不过，我们只能带着某种程度的怀疑心态来对待这些建议。我们不可能将公共设施的使用情况毫无问题地迁移到拥有物质产品的情况上。

这还会引发更多的问题：贪婪真的仅仅因为我们的经济体制而成为我们性格结构中的一部分吗？批评这些计划的人会争辩说，一个按照弗洛姆的建议建成的社会注定会失败，因为贪婪是我们人性的一部分。不过话说回来，这种说法也太简单了。大多数欧洲社会已经建立公共设施体系，或者至少发放了教育和医疗保健补贴。鉴于最近关于儿童肥胖的健康风险的讨论，围绕最佳消费和广告作用的讨论也变得更加明晰了。

如何才能更广泛地实现这些变化呢？弗洛姆提出，经济转型必须从两个方向进行。国家需要抑制股东和管理层的权力，以限制利润动机的影响。国家还需要在确立"健康消费规范"方面发挥重要作用。[1] 这些变化必须得到那些甚至有可能引领消费者罢工的市民的认可。弗洛姆举了个例子来说明：消费者拒绝购买私家车并使用公共交通工具以削弱石油公司和汽车工业的统治地位时，实际上就是在用脚投票，展现他们的力量。[2]不过，在这个领域，消费者的压力被公认是微不足道的。不过话又说回来，确实有一些例子表明，消费能力在导致更为明智的生产和消费方面起了重要作用，在最近朝向公平贸易（Fair Trade）和"绿色"产品发展的趋势中，这一点是显而易见的。

为了促进艺术朝着人本主义的方向发展，弗洛姆建议成立**最高文化委员会**（Supreme Cultural Council），像美国食品药品监督管理局那样向政府提供建议。这个委员会由知识分子和艺术精英代表组成[3]，包括那些在文化问题上持相反观点的人。不过，这样一种"精英"的观念唤起了人们对品味的关注。这一点也表现在弗洛姆关于文学的建议中。在文学中，弗洛姆区分了"消遣文学"和"优秀文学"。[4] 弗洛姆的这一观点唤起了一种家长式道德家的形象，规定了人们应该或不应该阅读的内容。

此外，弗洛姆并不是唯一一个在限制性规定和个人自由观念之间走钢丝的人。这样的紧张关系是任何遵循自由主义价值观和社会改良主义价值观的社会的核心。在民主社会中，关于国家应该在多大程度上参与"品味"问题的争论仍在继续。例如，我们经常会遇到这样的情形：一个人的幽默在另一个人看

[1][2][3]　Fromm, E. (1979). *To Have or To Be?* London: Abacus, p.173, p.176, p.189.
[4]　Fromm, E. (2002). *The Sane Society.* Abingdon: Routledge Classics, p.17.

来是极为无礼的事情,从而导致关于审查制度和言论自由的激烈争论。当然,即使我们确实遵从了弗洛姆的建议,这种关于解释的问题必然一直存在。

政治变革

关于政治制度,弗洛姆主要关注的是市民和选民的被动性。弗洛姆批判的一个领域是**官僚制度**(bureaucratic systems)。弗洛姆认为,在人的客观化过程中,官僚制度是不负责任的。[1]弗洛姆强调,个体——尤其是那些处于困境中的人——在不灵活的制度中可能会变成非人,这确实是一个重要的观点。可以说,自弗洛姆时代以来,这个方面已经发生变化。在护理和社会工作教育领域,专业人士接受的训练和受到的鼓励都要求他们回应个体的需要,虽然工作合理化(job rationalization)和行政压力常常不利于将这些价值观付诸实践。

在弗洛姆看来,变革必不可少的另一个领域是**民主选举制度**(democratic electoral system)。弗洛姆认为,这种制度在很大程度上是无效的。由于人们对自己带来任何改变的能力漠不关心,于是开始对一切都丧失了兴趣,并变得被动起来,迷失在复杂的政治决策的迷宫之中。选举中的低投票率很可能就是选民对此漠不关心的标志。

弗洛姆的解决办法是将"被动的'旁观式民主'转变为主动的'参与式民主'"。[2]弗洛姆认为,权力下放(decentralization)和教育是实现政治变革的关键因素。弗洛姆提出,人们需要得

---

[1]　Fromm, E. (1968). *The Revolution of Hope: Towards a Humanized Technology*. New York: Harper & Row, p.100.

[2]　Fromm, E. (1979). *To Have or To Be?* London: Abacus, p.178.

到足够的知识，并觉得他们的决定能够产生某种影响。这将鼓励个体以更加个性化和更具响应性的方式重新参与到民主选举制度中来，例如，通过"参与式的面对面团体"行使选择权和自主性。① 这样的团体通常由个人提供事实信息，"这些人的杰出成就和道德操守是毋庸置疑的……［构成了］一个非政治的文化机构"。② 这些团体在一些问题上有投票权，投票结果将与"普选代表和普选出来的行政官员"的投票结果放在一起考虑。③

112   全球化与世界大同政治

虽然弗洛姆可能没有精确地预见到全球化体现在经济和政治方面的复杂性，但他肯定提出了确立一种更具全球性的团结观的必要性。

> 我认为，只有新人（New Man）诞生，正在形成的世界大同（One World）才有可能实现——这个新人是一个与古代血脉相连的人，他觉得自己是人类的儿子，是一个忠于人类种族和生命（而不是忠于其中任何特定部分）的世界公民。他之所以热爱他的祖国，是因为他热爱人类，他的判断不会受部落忠诚的影响。

在《占有还是存在?》一书中，弗洛姆进一步探讨了世界经济并提出，"**富裕国家与贫穷国家之间的差距必须缩小**"。④

① Fromm, E. (1968). *The Revolution of Hope*: *Towards a Humanized Technology*. New York: Harper & Row, p.116.
②③ Fromm, E. (2002). *The Sane Society*. Abingdon: Routledge Classics, pp.334-335.
④ Fromm, E. (1979). *To Have or To Be?* London: Abacus, p.184.

他预期，如果维持现状，让差距进一步扩大，那么就会导致灾难性的后果。全球动荡将随之而来，甚至会影响那些认为自己身在西方文明和发达的中心因此很安全的人。

> 饥荒将迫使贫穷国家的人们陷入绝望，以至于他们很可能在来自工业世界的同情者的帮助下采取破坏行动，甚至使用小型核武器或生物武器，而这将导致白色堡垒内的混乱。①

弗洛姆提出，工业国家必须帮助消除那些导致饥荒和疾病的条件，但不能附加任何条件，也不能施加压力以输出资本主义的统治。就像弗洛姆所说的，"没有什么比我们继续掠夺地球的原料，继续毒害地球，继续准备核战争更能说明我们的自私了"。② 在弗洛姆后来的出版物中，这些关注点反映了当时"绿色思维"（green thinking）的开端，而且弗洛姆的思想观点很容易为欧洲及其他地方的新兴运动所接受。虽然变革的必要性过去便已存在，但弗洛姆以一种新的紧迫感提出了这个问题："到目前为止，这个新人可能依然是一种奢侈，因为世界大同还没有实现。如果想实现世界大同，这个新人就必须出现。"③ 在一个联系越来越紧密的世界里，这样的愿景确实必不可少，弗洛姆指出的这些发展毫无疑问是正确的。在当前这个全球恐怖主义和气候变化的时代，弗洛姆的愿景呈现出了一种新的意义和尖锐性。

113

---

①② Fromm, E. (1979). *To Have or To Be?* London: Abacus, p.185.

③ Fromm, E. (1980). *Beyond the Chains of Illusion*: *My Encounter with Marx and Freud*. London: Abacus, p.163.

发展道德框架

关于道德框架的发展，弗洛姆提议恢复旧的价值观，而不是创造新的价值观。弗洛姆进行了一项历史分析，以说明我们不断发展的自我意识以及随之而来的与自然相结合的感觉的丧失是如何留下一个有待填补的空白的。由于每一种文化表达安全和团结的欲求的形式不同，因此这个空白的空间里充满了不同的有关上帝的观念。例如，父权制社会将上帝视为全能之父，因此，在这样的社会里，我们的任务是取悦上帝，并效仿上帝代表的价值观。弗洛姆提出，宗教和哲学的历史最终可以看作是人们为应对我们的存在性孤独而不断提出解决方案的历史。在弗洛姆看来，精神发展进程的成熟阶段包括个体接受生命内在的关键价值观，而不需要求助于任何形式的外在上帝形象——这是发展的最后阶段。

> 一开始，对上帝的爱就像对母神（mother Goddess）的无助依恋，经过对父神（fatherly God）的顺从依恋后，到了成熟阶段，上帝不再是一种外在的力量，人类已经把爱和正义的原则融入自身，人已经与上帝融为一体。最终，到了某一个时刻，人只会从诗意、象征的意义上谈到上帝。①

弗洛姆认为，社会的进步是培养出理性、自由的个体。根据这种观点，弗洛姆提出，理性的人本良知的发展，意味着人们不需要遵从外在的、像神一样的道德原则。弗洛姆设想，"在人类未来的发展中，有神论的概念必然会消失"。② 因此，

---

①② Fromm, E. (1975). *The Art of Loving*. London: Unwin Paperbacks, p.70, p.343.

像爱和正义这样的价值观将由于其内在的重要性（而不是因为我们担心过失会让我们在来世受到惩罚）成为我们的指导原则。弗洛姆谴责像"乱伦"一样依附于传统的做法。与此相一致，他认为，对一个家长式的上帝形象的信仰，是导致我们依然停留在较早、较不发达的宗教成熟阶段的一个原因。

50 年后，道金斯（Richard Dawkins）分析了宗教信仰的心理学基础，审视了一些类似的问题。[1] 道金斯提出，我们确实需要找到一种取向框架，但如果用各种关于上帝的观念来填充这个框架，则会妨碍其他更为恰当的人本主义和人道主义的情感联系方式的发展。[2] 道金斯认为，所有宗教在推进与科学探究不相干的信仰体系方面都是荒谬的，而且在许多情况下，这些信仰体系会被用来证明与西方国家的价值观相悖的道德推理。传统宗教一直以来具有的慰藉与启示作用，可能确实是一种心理需要，但我们必须认识到，现在日益增长的科学理解要求我们理性地审视非理性信念。道金斯强调推理和理性，从中我们可以清楚地看到他与弗洛姆思想的一些相似之处。

不过，弗洛姆的立场相当温和，因为他明确强调宗教理想都是积极的，并强调宗教以人为本的共性。弗洛姆认为，在支持不同世界的宗教和哲学的基本信念中，人本主义理想已经出现。

> 我们不需要新的理想，也不需要新的精神目标。人类的伟大老师已经假定健全生活的准则……在每一种文化的中心，而且在很大程度上是在没有任何相互影响的情况

---

① ② Dawkins, R. (2007). *The God Delusion*. London: Black Swan Transworld Publishers, p.389.

下，人们发现了同样的见解，宣扬同样的理想。今天，我们很容易接触所有这些思想，也依然是伟大的人本主义教义的直接继承者，我们不需要关于如何健全生活的新知识——但我们迫切需要严肃认真地对待我们信仰、宣扬和教导的东西。我们内心的革命不需要新的智慧——但需要新的严肃态度和奉献精神。[1]

在考察弗洛姆对不同宗教思想和哲学思想的引用情况时，我们发现，他写的有关犹太教、基督教和佛教的内容显然比印度教和伊斯兰教多。不过，弗洛姆对这些宗教也很熟悉，并将它们也算在了他的智慧和人本主义思想线索之列。

他把《奥义书》（印度教圣典）中的一种祈祷方式融入了日常生活仪式中。他和妻子会面对面站着，把手放在彼此的肩膀之上，为和平、和谐祈祷。[2] 此外，弗洛姆认为，伊斯兰教也是建立在爱与团结的人本主义价值观的基础之上的。例如，这一点可以从弗洛姆对伊斯兰教神秘主义者鲁米（Rumi）作品的介绍中看出来。[3] 按照弗洛姆的意愿，在这个领域已尝试进一步搭建桥梁的工作。2007 年，国际埃里克·弗洛姆学会（International Erich Fromm Society）的年会在摩洛哥举行。这次年会的关注点是伊斯兰教徒的生活方式与西方的生活方式之间的对话，年会的一些参加者强调了弗洛姆的一般人本主义要旨与那些从人本主义角度解释伊斯兰教的作者之间的相似之

---

[1] Fromm, E. (2002). *The Sane Society*. Abingdon: Routledge Classics, pp.335-336.

[2] Funk, R., Personal Communication, July 2006.

[3] Funk, R. (1999). *Erich Fromm Gesamtaushabe Zwölf Bänden* (Band VI). Stuttgart: Deutsche Verlags-Anstalt, p.358.

处。① 在弗洛姆有关宗教的论述中，让我们感到惊讶的是，他虽没有提到巴哈伊信仰（Bahá'í faith），但对于不同宗教之间的共同性，两者却持同样的观点（而且，在这一背景下，弗洛姆的世界大同愿景也得到了人们的承认②）。

弗洛姆观察到，积极的道德标准表面上已经普遍存在于整个社会，但它们在引导我们的行为方面很大程度上是无效的。例如，社会可能要求其成员遵循基督教价值观，但在现实的日常生活中，却很少有证据表明耶稣所持的慈悲和爱是引导生活的主要原则。

不过，将价值观转变为实践是一件复杂的事情。对于这些伟大导师所说或所意味之内容的解释，依然存在许多争论。他们的许多思想体系即使在他们自己的时代也不完全一致。他们的思想要旨究竟应该如何用于不同的时代，仍有争论的余地。例如，天主教在一个地方可能被看作是保守的、亲建制的、反科学的，而在另一个地方则可能会被看作是解放神学的。弗洛姆意识到了这一点，指出了权威主义体系与人本主义体系之间的区别。这种区别贯穿于不同的道德框架，也可以在各种宗教内部看到。

弗洛姆认为，在他那个时代，不同的发展阶段反映了当时社会结构的各个方面——一些是前瞻性的思考，而另一些则依然是先前社会根据人类需要构建的回答。③

弗洛姆称自己"不是一个有神论者，也不是一个无神论

---

① Erich Fromm und der Dialog der Kulturen. *Fromm Forum* 11*a*/2007. Tübingen: Internationale Erich-Fromm-Gesellschaft.

② The Universal House of Justice. (1986). *The Promise of World Peace*. London: One World Publications, p.35.

③ Fromm, E. (1975). *The Art of Loving*. London: Unwin Paperbacks, p.70.

162 埃里克·弗洛姆：人类处境的探索者

者，而是一个非神论者"。① 他对西方宗教和东方宗教有着浓
厚的兴趣，但他认为自己已经摆脱有神论的、历史建构的上帝
概念。弗洛姆一生都保持着犹太民族的一些特性，如喜欢犹太
文化，但这并不意味着他将传统意义上的宗教视为指导生活的
源泉。弗洛姆借鉴了斯宾诺莎的观点（斯宾诺莎认为，上帝是
一个关于自然或生命本身的抽象概念），声称我们只能在自己
的生活和关联中找到意义："我认为，生命和历史都没有终极
的意义……只有人才能找到生命的目标，以及实现这一目标的
手段。"②

　　不过，弗洛姆的社会分析有时会采用类似宗教的语言。例
如，在《健全的社会》一书的结尾，弗洛姆预言，几百年内，
一种新的世界性宗教将会出现。这种宗教将包括东方和西方
所有伟大宗教共有的人道主义教义，旨在提供有关生活指导
的建议（而非教义），包括有助于促进人类团结的新仪式。弗
洛姆提出，这种新的"宗教"不可能是"发明出来的。它将
随着一位伟大的新导师的出现而出现……同时，那些相信上
帝的人应该通过将上帝当作生活信念来表达他们的信仰，而那
些不相信上帝的人应该通过把爱与正义以及——等待的箴言当
作生活信念来表达其信仰"。③ 这些观点有预言的意味，弗洛
姆几乎就像圣约翰（St John）④ 一样，指出弥赛亚（Messiah）⑤

---

① Landis, B. (2008). When You Hear the Word, the Reality is Lost. In R. Funk (Ed.). (2009). *The Clinical Erich Fromm: Personal Accounts and Papers on Therapeutic Technique.* Amsterdam-New York: Rodopi.

② Fromm, E. (1980). *Beyond the Chains of Illusion*: *My Encounter with Marx and Freud.* London: Abacus, p.166.

③ Fromm, E. (2002). *The Sane Society.* Abingdon: Routledge Classics, p.344.

④ 预料一个比自己更伟大的弥赛亚即将诞生，并将耶稣的来临宣布给大家的先行者。——译者注

⑤ 上帝要派去拯救犹太人民的国王。——译者注

即将到来。

评价弗洛姆的社会观

我们该如何看待弗洛姆的社会批判呢？弗洛姆关于常态病理学和健全社会的系统阐述提醒我们注意，一个社会的福祉不一定与它的经济成就相对应。此外，弗洛姆还有一个重要的贡献，那就是他提出个人幸福与社会结构密切相关，只有既关注个人状况，又关注社会状况，才有可能实现改善。

弗洛姆描绘了一幅20世纪社会心理健康状况的黯淡画面，在这个画面中，我们的基本需要遭到忽视或歪曲。弗洛姆提出，我们唯一的改善机会在于巨大的经济、政治和文化变革。

不过，弗洛姆描绘的这幅黯淡画面合理吗？我们可以争辩说，弗洛姆的描绘缺乏对关联性、同一性以及取向框架需要的关注，导致西方社会道德结构的瓦解。当代的一些科学社会学家已采纳这种观点，我们将在第七章探讨这种观点。不过，正如前面所指出的，衡量国民幸福或不幸福的标准非常复杂，而且也很难找到证明这种联系的明确证据。对社会道德结构的尖锐批评已有很长的一段历史，这常常反映在中年人"令人尊敬的恐惧"（respectable fears）之中，他们会带着玫瑰色的眼镜回首往昔的健壮。[①]

由于我们每个人所处的位置不同，所以我们看到的画面可能也是不同的，有的人看到的是不断衰败的社会（如高离婚率），有的人看到的是日益提升的人权（如患者获得健康档案的权利）。而且，这些发展本身也可以用不同的方式来评估。高离婚率可能表明了个人的不幸福，也可能表明，对于

117

---

① Pearson, G. (1983). *Hooligan*. London: Macmillan.

过去也会发生的婚姻关系破裂，现在社会更愿意接受了（但是，过去人们不愿意公开承认婚姻关系破裂，而且人们往往也没有选择，只能继续维持这种破坏性的婚姻关系）。患者权利的提升可能表明社会接受了个体为自己做出选择的权利，但如果医生基于对诉讼的恐惧（而不是为患者健康考虑）做出决定，同样可能会导致治疗的效果降低。因此，社会层面上对精神错乱和精神病的诊断，可能比弗洛姆设想的要复杂得多。

　　弗洛姆声称，他所处的社会大多数人都是异化的、被动的、像机器一样的人，弗洛姆这一观点的合理性可能同样也取决于不同的视角。一代又一代关心社会、有责任心、关爱他人且有社区意识的人都反对他这样的指责。这些人是否是弗洛姆口中的少数人，我们无从证实。我们必须接受这样一种可能性，即弗洛姆通过临床实践和媒体（他生活在墨西哥时）已经了解美国社会的许多情况，他或许已经感觉到美国社会多样性中并不典型的某种程度的消极性。

　　在《健全的社会》一书中，弗洛姆有时候会说出一些在21世纪读者看来像是反对西方资本主义的道德论调。他显然把自己的牌放到了台面上，并确定无疑地表明了自己的观点："说到一个'健全的社会'，意味着一个不同于社会相对主义的前提。它……意味着存在对人类本身有效的心理健康的普遍标准，而且可以据此判断每一个社会的心理健康状况。"①与这些观点相联系的是，弗洛姆认为，建立一个健全的社会只不过是技术上的问题，是对未来科学的挑战："最终正确地描述应该将什么称为人性，这是人的科学（science of man）的任务。"②

①② Fromm, E. (2002). *The Sane Society.* Abingdon: Routledge Classics, p.12.

不过,这在很多方面是有问题的。首先,正如我们在第二章关于"人"的需要的观点中所看到的,除了弗洛姆的论断之外,没有确凿的证据表明这些需要(以及因此而出现的防御机制)事实上确实存在,而且也没有证据表明这些需要像弗洛姆所说的那样是我们所有人共有的。其次,对于诊断出来的疾病,弗洛姆建议使用的治疗措施也值得商榷。显然,我们很难看到弗洛姆的所有建议在任何类似于我们当前社会的情境中实现。我们在前面已经概述弗洛姆在劳资关系的观点方面存在的一些困难。

118

而且,并不是只有弗洛姆一个人声称找到了社会问题的答案。所有派别的政治家都会定期推出计划,他们声称要去做的事情正是弗洛姆打算要实现的目标——提高人们的幸福感,提供工作机会以及某种程度的安全感和舒适感。问题是如何在实践中实现这一点,而弗洛姆的人本主义的共产主义社会主义观只是众多解决方案中的一个。那些遵循更为自由的经济学观点的人会将商业成功视为个人幸福的答案。毕竟,一个人购买不必要的消费品可能意味着另一个人的工作是安全的。

不过,资本主义用来定义其成功的经济发展如何在未来实现可持续发展?在当前金融不安全和环境威胁的背景下,越来越多的人问到这个问题。因此,提醒大家了解一下弗洛姆的一些观点甚是及时,我们将在第七章探讨这些观点的持续影响。

人们热衷于弗洛姆关于建立一个更美好社会的观点。在经济、政治和文化领域,实现至少某种程度的"人性化"这一可能性除了听起来很有吸引力之外,别无其他。对于习惯于政治批判和持怀疑态度的人来说,正义感是极为陌生的。例如,他认为,有足够的教育、客观的信息和反思价值观的机会,人们自然就会做出正确的决定——也就是说,与他自己的人本主义观相匹配的决定。

正如我们在第一章所看到的，弗洛姆对教条持怀疑态度，但他自己的论断有时候相当固执和肯定。就像英格尔比所说，"虽然弗洛姆坚决反对政治上的中央集权制和集权主义，但奇怪的是，他自己的观点本质上却是民族中心主义的，具有强制性"。[1] 这里存在一个悖论，一方面弗洛姆宣扬个人主义和在群体顺从时保持独立，另一方面他又试图将我们转变成有特定人道主义思想的人。不过话又说回来，我们也可以将弗洛姆的直接性看成是一种优点。弗洛姆的这些观点发表之后，人们开始关注政治手段，在此背景之下，弗洛姆的观点成了令人耳目一新的直接建议，供人们讨论。

弗洛姆建议的直接性也是其建议如此发人深省的原因。例如，弗洛姆提出，在政治领域，只存在两个阵营："一个是关心者阵营，另一个是不关心者阵营。"[2] 这种区分也可以用到社会中普通人身上。因此，问题是：如果人们不关心或者不想关心，那我们该怎么办呢？很可能正是因为这种长期存在的问题，弗洛姆才正确地宣称："今天的人们都渴望成为有智慧、信念且有勇气按照自己的信念行事的人。"[3] 从某种意义上说，弗洛姆肯定是对的：《占有还是存在？》成了欧洲的畅销书，而且，他的读者似乎很珍惜他在个人和社会层面上对反思的呼吁，即使他提出的改变并非都可行。弗洛姆因为试图以如此广泛的方式审视我们的社会问题，并有勇气公开参与政治活动而得到了赞扬。

弗洛姆的社会观——他的分析和改进建议——之所以让我们觉得特别有趣，是因为我们现在可以从某种后见之明的角

[1]　Ingleby, D. (1991). Introduction. In E. Fromm (2002). *The Sane Society*. London: Routledge Classics, p.xliii.

[2][3]　Fromm, E. (1979). *To Have or To Be?* London: Abacus, p.196.

度来看待它们。在《健全的社会》出版 50 年和《占有还是存在?》出版 30 年后,我们可以回顾一下弗洛姆的预言和建议,弄清他的观点在多大程度上可以说是先见之明,以及他的建议的哪些方面在 21 世纪仍为人们所采纳。第七章将探讨弗洛姆这个方面的研究产生的影响。

第六章　烧毁船只，还是搭建桥梁？

在弗洛姆的生活经历——既包括他的个人道路，也包括他的职业道路——中，他对人类经验许多不同方面强烈且广泛的兴趣和参与程度极为惊人。弗洛姆的人生旅途不仅把他带到了不同的国家，也见证了他的成长：就像我们在前面看到的，弗洛姆对所有与人有关的事物的真正好奇与关注，使他不断反思和研究，并在许多不同的领域发挥了积极的作用。正如英格尔比提出的："弗洛姆的例子日益减少。弗洛姆是一位心理学家，他想对人类生活发表一些重要看法，而且，为了清楚无误地了解自己的学科，他愿意学习自己学科领域之外的内容。"[①] 弗洛姆的研究内容非常广泛，这是弗洛姆研究的特色。我们将在本章深入审视弗洛姆研究的意义。

在心理治疗方面，有人报告弗洛姆曾这样说，"患者必须先把自己身后的桥烧了，然后才能继续向前"。[②] 我们可以用这句话来比喻弗洛姆自己的生活。他摒弃了正统的宗教和精神分

---

① Ingleby, D. (1991). Introduction. In E. Fromm (2002). *The Sane Society*. London: Routledge Classics, p.lii.

② Schecter, D. E. (1981 and 1958). To Be Truly with Him One Felt Fully Alive and Awake. In R. Funk (Ed.). (2009). *The Clinical Erich Fromm: Personal Accounts and Papers on Therapeutic Technique*. Amsterdam-New York: Rodopi.

析，并向前迈了一步，提出了一种广泛而发人深省的关于人类处境、因人类处境的复杂性而产生的问题，以及可能的解决方案的观点。我们是否应该把弗洛姆看作是一个让我们对更为全面和整体的新观点有所了解的桥梁搭建者？或者说，弗洛姆广泛的兴趣是否意味着他的观点处于不同的学科之间，从而使他在所有学科中都被排到后面的位置？在超越严格的概念和方法界限的过程中，弗洛姆是否烧毁了那艘装载学术与精神分析当权派的船只？

这两种观点都有争议，本章阐明这两种观点。

搭建桥梁

芬克强调了贯穿弗洛姆作品的两条主线：一条是弗洛姆试图阐明社会与个人心理之间的相互作用。例如，弗洛姆提出的"社会性格"概念，将传统上属于不同取向的研究领域——社会学和精神分析结合在一起。另一条是弗洛姆的人本主义立场，这反映在弗洛姆对宗教和哲学中人本主义价值观的历史意义的兴趣上。在接受德国电台采访时，73 岁的弗洛姆描述指出，他一直试图将反映前资产阶级知识遗产的价值观与他珍视的现代世界的价值观融合在一起。弗洛姆的目的是赋予旧的价值观以新的意义，并维护这些价值观在他所处社会中的意义。

人本主义价值观也是弗洛姆在政治活动中倡导的社会变革的基础。例如，在为 E. 麦卡锡的竞选活动撰写的演讲稿中，弗洛姆强调了实现美国国内不同群体（当时，种族关系和性别关系在政治议程中居高不下）、美国与其他国家（激烈的政治冲突普遍存在：越南战争和"冷战"），以及富裕国家与贫穷国家之间和解的重要性。弗洛姆认为，爱、团结、公正等人本主

121

义价值观才是搭建这些桥梁的基础。

前文已经提到有关这些结合的一些探索。在这里，我们看一下关于搭建桥梁的三个例子：弗洛姆在《在幻想锁链的彼岸》（1962）中对马克思和弗洛伊德的审视；弗洛姆在《占有还是存在？》（1976）中试图将佛教和精神分析结合在一起；弗洛姆尝试将 M. 埃克哈特的观点与马克思的观点结合起来。

连接马克思与弗洛伊德

在《在幻想锁链的彼岸》中，弗洛姆用他所谓的"一个知识分子的自传"开篇，而且芬克恰如其分地指出，这本书是弗洛姆最为"个性化"的作品。

弗洛姆把他一开始对心理和社会的兴趣追溯到年轻时的两次经历。第一次经历与一位年轻的女画家有关，女画家与她的父亲关系非常密切，以至于她的父亲去世后，她选择了自杀。弗洛姆觉得他无法理解一个健康且充满创造力的人会选择自杀，他认为这是他年轻时对弗洛伊德理论产生兴趣的原因。

让弗洛姆对心理和社会产生兴趣的第二次经历与第一次世界大战期间的社会剧变有关，这使他开始考虑社会问题。弗洛姆关注的社会问题与弥赛亚和平预言有关：刀剑将打成犁铧。① 弗洛姆认为，这反映在了后来马克思提出的建立一个更加平等、和谐的社会的观点中。

弗洛姆承认，在把什么视为我们的基本动机方面，弗洛伊德和马克思存在根本区别：弗洛伊德强调性驱力，而马克思认为社会对物质产品的贪婪是行为的驱力。这两位思想家都提出了一些建议——弗洛伊德的建议带来了个人的改变与成长，马

---

① Fromm, E. (1980). *Beyond the Chains of Illusion: My Encounter with Marx and Freud.* London: Abacus, p.3.

克思的建议则带来了社会的改变与发展。他们两人之间的共同联系是，他们都号召人们在看待事物时要超越其明显之处，并意识到是什么限制了我们的自由。"怀疑以及真理和人本主义的力量，是马克思和弗洛伊德研究的指导原则与推进原则。"[1]

在弗洛姆看来，弗洛伊德的观点意味着理解人的潜意识并接受这一点，即假定那些属于自身的有意识动机事实上可能掩盖了内心深处完全不同的过程。尽管弗洛姆不同意弗洛伊德提出的应该将性能量视为主要驱动力的观点，但弗洛姆完全支持洞察的解放作用的观念。

在弗洛姆看来，马克思揭示了经济结构的重要性，以及社会中不同群体之间根本的不平等性。在资本主义制度下，工人通常会受雇佣者的剥削，后者为了增加利润，不断驱使工人异化手中的产品。生产过程和技术——而不是人的思考——被当成了出发点。工人被一条信念的锁链束缚着，他们深信自己无能为力。只有当这些功能失调的关系暴露出来，而且工人意识到所属阶级的共同关切时，才能推翻社会结构，并在一种社会主义制度中和谐地生活。

虽然弗洛姆因弗洛伊德在帮助人们理解潜意识方面所作的贡献而尊重他，但他认为，"弗洛伊德的心理学在社会问题中的应用，大多数……［是］……误导性的构想"。[2] 在社会分析方面，虽然弗洛姆认为马克思的社会主义观念特别重要，但他强调了在苏联背景下对这种观念的不同解释。[3] 相反，弗洛姆对全球性的激进人本主义运动的发展寄予厚望。他用乐观的

[1] Fromm, E. (1980). *Arbeiter und Angestellte am Vorabend des Dritten Reiches*: *Eine sozialpsychologische Untersuchung*. Stuttgart: Deutsche Verlags-Anstalt.

[2] Fromm, E. (2001). *The Fear of Freedom*. Abingdon: Routledge Classics, p.6.

[3] Fromm, E. (1979). *To Have or To Be?* London: Abacus, p.25.

态度看待他的思想的发展，并与全世界许多人本主义社会主义
群体取得了联系。①1965 年，弗洛姆与不同国家的人本主义者
合作，出版了一本文集。这些人本主义者之所以能够团结在一
起，是因为他们都相信这样一种可能性，即自由、理性且有爱
的个体，可以在不受国家严格限制的社会，或者在心理空虚的
消费主义社会对自由的幻想中和谐共处。

　　在揭露个人及社会的虚幻观念时，弗洛伊德和马克思都
揭露了我们日常生活表面之下隐藏的东西及其对人的发展的
限制性影响。他们的共同要旨是"紧紧抓住**虚假意识**（false
consciousness）不放"，虚假意识给我们套上了枷锁，使我们无
法看清事物的真实面貌。在人类力量全面发展之前，必须先将
这些枷锁打破——对弗洛伊德来说，这意味着克服神经症；而
对马克思来说，这意味着推翻一种异化我们的经济制度。

　　因此，我们可以将弗洛姆视作"桥梁搭建者"，他将 19 世
纪和 20 世纪早期最具挑战性的两位思想家连接到了一起。他
们两人都对我们看待自己的方式产生了巨大的影响：弗洛伊德
强调心理与行为的潜意识方面；马克思指出了经济结构和社会
结构的根本重要性。弗洛姆承认这两位思想家对他的影响，并
有力地指出，站在像弗洛伊德这样的巨人的肩膀上，人们可以
比巨人看得更远。弗洛姆宣称：

　　　　虽然他们有很多不同，但他们对于解放人类都有一种
　　决不妥协的意志，都同样坚定不移地相信真理是解放的工
　　具，都相信实现这种解放的条件在于人具有的打破幻想锁

① Funk, R. (1983). *Erich Fromm*: Mit Selbstzeugnissen und Bilddokumenten［Rororo Bildmonographie］. Reinbek: Rowohlt Taschenbuch Verlag, p.128.

链的能力。①

不过，我们可以争辩指出，弗洛姆的观点可能会模糊我们对一些重要方面的理解。毕竟，马克思的观点和弗洛伊德的观点都曾遭到过抨击。批评精神分析的人称精神分析是一个"巨大的骗局"②，弗洛伊德的方法和假设遭到广泛质疑，他的精神分析干预方法的功效也是如此。③虽然批判资本主义的马克思主义已经超越其创立者，但要将它转化为马克思设想的社会主义制度，仍有待实现。我们还想知道我们应该在何种程度上遵循这两种取向提出的"真理"主张。

弗洛姆试图在马克思和弗洛伊德之间搭起一座桥梁，这无疑为进一步的讨论提供了动力。就像弗洛姆自己所承认的，困难在于我们在寻找相似性方面究竟能走多远。这两种思想体系之间的一个主要区别无疑是它们把什么作为目标，弗洛姆也确实承认这一点。他认为，弗洛伊德是一个"自由主义改革者"，他的目标是恢复患者在一个自己并不质疑其基本形式的社会中的地位和功能。相反，马克思是一个"激进的革命者"④，他设想对导致异化和不平等的社会经济条件进行一次重大的颠覆。从这个角度看，他们两人之间的联系有时候似乎相当脆弱，并让人们对这些有分歧的思想体系能够在多大程度上有效地结合在一起产生了怀疑。

124

①④ Fromm, E. (1980). *Beyond the Chains of Illusion*: *My Encounter with Marx and Freud*. London: Abacus, p.25.

② Stevens, R. (2008). *Sigmund Freud*: *Shaper of the Unconscious Mind*. Basingstoke: Palgrave Macmillan, p.155.

③ Stevens, R. (2008). *Erik Erikson*: *Shaper of Identity*. Basingstoke: Palgrave Macmillan.

连接精神分析与佛教

人本主义价值观及变革的潜力，也是弗洛姆为把精神分析和佛教结合在一起而付出的努力的基础。弗洛姆的观点表达在了《禅宗与精神分析》(*Psychoanalysis and Zen Buddhism*, 1960)中，该书是为弗洛姆在库埃纳瓦卡组织的工作坊撰写的，另一位主要撰稿人是铃木大拙。弗洛姆再次强调了这两种取向之间的相似性，即它们都关注人类的福祉，而且它们都有可能带来觉察和改变。

佛教的主要目标是"觉悟"。这包括"此时此地"有意识的强烈生活体验，还包括摆脱依恋和克服贪婪的实践。自我认识是其中的一个重要方面。不过，弗洛姆强调，这不仅是智力上的认识，而且是一种包括情绪和直觉在内的更具包容性的经验。关注的焦点更多地集中于"存在"，并发展出一种对待自己、他人及世界的尊重态度。

弗洛姆宣称，精神分析与佛教的一个相似之处是，它们的目标非常相似。获得洞察和觉悟是这两种取向的基础。通过精神分析的过程，个体获得了个人的理解。这使个体可以认识到自己的潜意识动机，并从消极走向实现潜能、自由、幸福和爱。精神分析与佛教的另一个相似之处是，克服自私和贪婪，发展成熟（在弗洛姆看来，成熟表现为同情和爱）。

因此，这两种取向的目标可以被看作是铃木大拙所说的"生活艺术"(art of living)的步骤。就像精神分析可以成为一种获得幸福和发展人的恋生性创造潜能的方式一样，佛教也强调所有人的佛性。而且，这两种取向都强调有效关系，即分析师与患者之间的关系，以及禅宗大师与弟子之间的关系的重要性。

这个关于精神分析与佛教之间关系的假设有用吗？我们

可以争辩指出，有些关系看起来相当牵强。毕竟，它们之间存在重要的区别。芬克①提出，佛教追求"超凡"和"虚无"的目标似乎与弗洛姆对于"理性"和"爱"的呼唤并不相称。而且，佛教——一种宗教——旨在为其信徒提供一个理解生与死的框架。相反，精神分析（至少是最初的精神分析）是作为一种治疗方法发展起来的。或许弗洛姆的精神分析观（及其对生活指导的强调）确实具有宗教的性质，把它带入一个超出其原来范围的领域。事实上，一些批评弗洛伊德的人②认为，弗洛伊德的观点也更像是一种宗教，而不是科学（弗洛伊德认为他自己是科学取向的）。从这个意义上说，佛教与精神分析之间的桥梁很可能是恰当的。弗洛姆显然成功地揭示了这两种思想体系可能存在的相似之处——尤其是意识和自我认识的重要作用。

连接 M. 埃克哈特和马克思

在《占有还是存在？》一书中，弗洛姆探讨了两种乍看完全不同的观点——M. 埃克哈特的观点与马克思的观点——之间的联系。中世纪神秘主义者与19世纪经济学家之间的联系似乎尤其模糊，特别是因为马克思以批判宗教而为众人所知。

不过，弗洛姆质疑我们对马克思宗教观的过于简单化的看法，并提出，对于人们经常引用的"精神鸦片"的说法，我们需要在更一般的意义上把它放到马克思提出的有关人类处境的观点的背景下来理解。对于承受痛苦的服用鸦片的人来说，关键的

① Funk, R. (1982). *The Courage to Be Human* (Translated by M. Shaw). New York: Continuum, p.127.
② Stevens, R. (2008). *Erik Erikson: Shaper of Identity*. Basingstoke: Palgrave Macmillan, p.155.

问题是痛苦，如果没有痛苦，就不需要鸦片了。在马克思看来，我们之所以把宗教视为鸦片，是因为社会条件的缺乏导致这种需要。因此，我们关注的主要焦点应该是如何解决剥削社会带来的痛苦。解决问题的根本方法是建立一个基于人与人之间关系的社会，在这个社会中，不存在嫉妒和贪婪。正如我们在前面看到的，弗洛姆将和谐、平等的社会概念追溯到《旧约》先知及其乌托邦承诺。马克思和弗洛姆都把走向平等与和谐的发展看作是一个历史过程，而不是一个形而上学的承诺。弗洛姆赞同马克思的观点，即一个有可能建立这种人际关系的社会，必须建立在完全不同于资本主义制度的原则之上（在资本主义制度下，金钱和财产似乎界定了个体以及人与人之间的联系）。

　　为了阐明他对他感知的当代社会的功能失调性以及他看到的前进道路的理解，弗洛姆指出了 M. 埃克哈特的"占有"（having）和"存在"（being）的概念。从本质上讲，这两个概念与马克思关于资本主义异化的观点和社会主义愿景的观点是完全一致的。

　　M. 埃克哈特在解释"占有"的概念时，描述了各种与贪婪、嫉妒有关的限制。我们想拥有和占有各种物质产品、知识或其他人，以至于我们失去了个性，被这些拥有物占有。因为我们总是用"占有"来定义自己，所以我们永远都不会感到满足，而是嫉妒那些"占有"更多的人，并被贯穿于我们整个生活态度的"占有"模式驱使。[1] 弗洛姆认为，M. 埃克哈特的观点适用于个体，也体现了西方战后社会主要推动力的特点。它描述了一种毫无意义的努力，即为了填补由缺乏真正的生活目标而导致的空虚，而努力积累越来越多的财物。

　　相反，存在"意味着我们充分实现潜能并摆脱幻想"。在

---

[1]　Fromm, E. (1979). *To Have or To Be?* London: Abacus, p.69.

M. 埃克哈特看来，"存在"模式的基础是在社会性方面利他、清醒且有意识的人。虽然马克思主要侧重于经济分析，但马克思关于在一个不异化的工作环境中具有创造性和积极性的人的观点，与 M. 埃克哈特的观点有明显的相似之处，与弗洛姆提出的"创造性性格取向"（参见第二章）观点的相似之处也很明显。在《占有还是存在？》一书中，弗洛姆提出了"存在"的概念，并认为"存在"模式关注的是积极主动、富有同情心且关心他人的个体，弗洛姆认为，这些个体才是建设一个拥有健全的生产和消费模式的更美好社会的基础（也参见第五章）。

　　我们是否应该把这样的连接看成是一种强调伟大思想家之间存在一条共同的人本主义脉络的极佳方式，从而给现代社会的分析提供了基础？或者，这样的努力是否会导致本质上不同的思想体系的僵化组合（这些思想体系不会公正对待彼此的关键方面）？一方面，就像乔杜里（Aditi Chaudhuri）[1]所指出的，弗洛姆避开了马克思的一个主要观点，即关于阶级斗争的观点。因此，弗洛姆给我们呈现了一种在相当程度上被阉割了的马克思主义版本，遭到了许多更激进的马克思主义者的批评。另一方面，将两位思想家的"存在"模式和"占有"模式方面的关键特征结合在一起，可以为个体分析和社会分析提供一种有用的工具。

一座距离遥远的桥梁？

　　在弗洛姆的著作，如《健全的社会》和《占有还是存在？》中，弗洛姆试图在不同的信仰体系中追溯人本主义价值观。弗洛姆声称，一些"伟大的生活大师"[2]的作品支持他有关一种

---

[1]　Chaudhuri, A. (1991). *Man and Society in Erich Fromm*. Delhi: Ajanta Publications, p.209.

[2]　Fromm, E. (1979). *To Have or To Be?* London: Abacus, p.25.

健康生活取向的系统阐述，这些生活大师包括佛陀、耶稣、M. 埃克哈特、希伯来先知、弗洛伊德、马克思等。①

这个争论是否有可能持续下去，或者说这是不是一座太过遥远的桥梁，都是一个有争议的问题。在评论 1991 年再版的《健全的社会》时，英格尔比指出，这种试图将不同观点结合在一起的尝试导致一种相当矛盾的立场：弗洛姆"主张自由，却让一种特定的自由——他自己的自由——变成强制性的。佛陀、耶稣、老子、穆罕默德都必须躺在自由主义和个人主义的普洛克路斯忒斯之床（Procrustean bed）上，任何不奉行这些西欧理想的文化都会被诊断为'不发达'或'不符合人性'"。②

不过，虽然英格尔比的批评很有道理，但我们也可以争辩说，这个问题要深刻得多。由于世界主要宗教的要旨与它们形成的社会条件紧密相关，因此，举例来说，在 21 世纪的社会背景下，犹太教祭司、牧师、伊玛目及其追随者仍然继续从事对犹太教信仰、基督教信仰或伊斯兰教信仰的解释工作。

不过话又说回来，弗洛姆很可能观察到，至少有一些人本主义要旨似乎很有规律地出现在世界主要的宗教中，这个观察结果代表了一种急需的调解方式。我们将在第七章更深入地探讨这种可能性。

烧毁船只

我们在前文已经指出，弗洛姆让自己与许多不同的学术取

---

① Fromm, E. (1979). *To Have or To Be?* London: Abacus, p.47.
② Ingleby, D. (1991). Introduction. In E. Fromm (2002). *The Sane Society*. London: Routledge Classics, p.liiii.

向都保持一定的距离。虽然弗洛姆对不同的学科及其研究人类处境的方式持非常开放的态度，但他并没有真正融入当时学术界的任何一个特定领域。例如，弗洛姆与传统精神分析、主流心理学、人本主义心理学的一些方面都发生过分歧。

精神分析

弗洛姆在许多方面都摆脱了传统的弗洛伊德式观点。在第二章，我们看到了弗洛姆是如何将个体存在的悖论以及个体与世界的关联作为他的起点的。这与弗洛伊德对性驱力的强调形成了鲜明的对比。在对攻击性的解释方面，弗洛伊德提出了一种破坏性的"死本能"。弗洛姆对这一点持批判态度，并提出创造性和破坏性都来自我们的存在性需要：当没有机会表现创造性时，消极的破坏性就会出现。另外，弗洛姆对弗洛伊德的证据基础也持怀疑的态度。弗洛姆提出，弗洛伊德提出的"死本能"概念是"基于相当抽象的思辨，几乎没有任何令人信服的经验证据"。① 不过，正如我们所看到的，这个批评同样也适用于弗洛姆的一些研究。

在第四章，我们分析了弗洛姆是怎样背离弗洛伊德治疗取向的一些关键原则的。弗洛姆质疑弗洛伊德的摆位，即患者躺在长椅上，而分析师基本上是一个沉默的倾听者的价值和有效性。相反，弗洛姆把治疗师的角色变成一个更具指导性的角色，而患者面对着分析师。鉴于这些与传统精神分析的差异，精神分析机构对弗洛姆产生了警惕（也参见第一章）。

"纯"精神分析学家认为，弗洛姆的观点是异端修正主义，因此，较为传统的精神分析文献对弗洛姆的认可相当有限。巴恰加卢波（Marco Bacciagaluppi）提出，这是因为弗洛姆进一

① Fromm, E. (1997). *The Anatomy of Human Destructiveness.* London: Pimlico, p.40.

步走向了激进的人本主义倾向，而不是因为他写的关于精神分析技术的作品少。弗洛姆似乎也的确如此。他整个一生似乎都没有密切关注精神分析领域的最新发展。①

尽管存在差异和分歧，但弗洛姆依然与弗洛伊德的原则保持一致。当被问及他与弗洛伊德思想观点的主要区别时，弗洛姆回答说："我认为自己……是一个弗洛伊德主义者，试图在新的临床发现和采取一种不同的哲学取向看待人性问题的基础上，发展弗洛伊德的理论。弗洛伊德取向是 20 世纪末盛行的机械唯物主义（mechanistic materialism）。"② 这一取向使人们将关注点集中到驱力及其满足上。而弗洛姆与此相反，他关注的是我们的存在性需要。

还有证据表明弗洛姆一直对弗洛伊德怀有深深的钦佩之情。例如，每当弗洛姆要开始写一篇论文时，他似乎都会回过头去阅读弗洛伊德的作品。那些跟弗洛姆有私交的人都记得，弗洛姆是多么尊重弗洛伊德。伯斯顿称，弗洛姆在其作品中，以及与同事交流时表达的对弗洛伊德的尊重，便是他所说的"弗洛伊德信徒"（Freud piety）的一个例子。③

在审视与精神分析相关领域的最新学术发展时，我们看到，霍洛韦（W. Hollway）、杰斐逊（T. Jefferson）等人④ 试图将弗洛姆认为重要的一些因素精确地结合在一起。与弗洛姆的

① Biancoli, R. (2006). The Search for Identity in the Being Mode. *Fromm Forum* 10/2006. Tübingen: International Erich Fromm Society, pp.23-30.
② Fromm, E. (2005). Violence and its Alternatives. An Interview with F. W. Roeve-camp (1968). *Fromm Forum 9/2005*. Tübingen: International Erich Fromm Society, p.32.
③ Burston, D. (1991). *The Legacy of Erich Fromm*. Cambridge (Mass.) and London: Harvard University Press, p.1.
④ Hollway, W., & Jefferson, T. (2005). Panic and Perjury: A Psychosocial Exploration of Agency. *British Journal of Social Psychology*, *44* (2), 147-163.

方法相似，① 人们常常根据个体反应的潜意识意义及其与社会过程的关系，采用解释性方法（interpretative methods）来分析个体的反应。不过，他们没有提到弗洛姆的研究。

赫扎诺夫斯基提出，对于这样的疏漏，弗洛姆自己可能并不太担心。

> 弗洛姆对当前分析思维的影响常常得不到承认——而且尽管自恋的某些方面可能激发了他的某些偏见——我得出的结论是，他很高兴自己没有成为偶像，而是对我们的理论和实践产生了广泛的影响。②

情况可能就是这样——但遗憾的是，人们没有更明确地运用弗洛姆的研究，弗洛姆的研究的影响也没有得到承认。

因此，我们得到的印象是，从某种程度上说，弗洛姆并不在精神分析学家的核心圈子内，但与此同时，他又没有完全背弃精神分析。

主流心理学

不过，弗洛姆几乎全身心地拒绝的一种取向是斯金纳③的**行为主义**（behaviourism）。行为主义试图根据环境中的强化特性来解释行为。简言之，行为主义者认为，如果在一个特定行为发生之后紧跟着给予奖赏，那么这个行为就将被重复；如果

---

① Fromm, E. (1997). *The Anatomy of Human Destructiveness*. London: Pimlico, pp.79–80.

② Chrzanowski, G. (1997). Erich Fromm's Escape from Sigmund Freud: An Introduction to "Escape from Freedom". *International Forum of Psychoanalysis*, 6 (3), 185–189.

③ Toates, F. (2009). *Burrhus F. Skinner: Shaper of Behaviour*. Basingstoke: Palgrave Macmillan.

130　在一个特定行为发生之后紧跟着给予惩罚或者没有奖赏，那么这个行为被重复的可能性就较小。弗洛姆对斯金纳的评价相当贬抑："斯金纳从根本上说是一个天真的理性主义者，他忽视了人的激情。"① 斯金纳没有提到弗洛姆认为很重要的那些问题——例如，爱、团结、关联——因为这些问题经不起行为主义者视之为心理学科学研究本质的实验研究的检验。弗洛姆嘲笑说："斯金纳的行为主义［是］被装扮成新科学人本主义的机会主义心理学（psychology of opportunism）。"② 弗洛姆尤其批判了行为主义不关注个人意义和社会意义的现象，在他看来，个人意义和社会意义是充分理解个体存在的必要条件。

这些批评需要放到心理学史的背景下来理解。行为主义驳斥了弗洛伊德认为潜意识不可检验、无法进行科学研究的论断，大约从 20 世纪 30—70 年代，行为主义就像一颗星星一样，在学术心理学界的地位不断上升。它试图效仿传统的自然科学，只研究那些可以在对照实验研究中加以检验的行为（通常是动物行为）的一些方面。科学方法成了心理学新的"紧箍咒"。这或许有助于实现心理学的强烈愿望，即获得人类社会给予自然科学的崇高地位，但这也意味着，有一段时间，人类经验中最为人性的方面不再被视为心理学研究主题的一部分。

弗洛姆显然意识到这一点，在《人类的破坏性剖析》一书中，他批评指出，心理学中基于实验室的实验方法并不恰当：

> 心理学似乎想通过模仿自然科学的方法来获得尊重，即使是 50 年前的那些方法……而且，理论意义的缺乏常常被那些让人一看便印象深刻的数学公式掩盖了，这些数

---

①② Fromm, E. (1997). *The Anatomy of Human Destructiveness*. London: Pimlico, p.71.

学公式与数据并不相干，而且不会增加任何价值。①

　　虽然弗洛姆经常强调科学理解的必要性，但他对于通过实验操纵心理学实验室中的各种变量获得的知识的价值表示怀疑。他批评了米尔格拉姆（Stanley Milgram）②著名的服从实验，在这个实验中，实验被试按照一个权威人物的指示，给另一个人（这个人是实验者的同伙）施加他们认为有可能致命的电击（而事实上，这些设置是假的，没有人受伤！）。这表明，当一个权威人物指示普通人去伤害，甚至有可能是去杀害其他人时，这些普通人就会这么做。米尔格拉姆假定，这种行为与纳粹集中营中那些士兵表现出的行为类似。弗洛姆对人为的心理学实验室能够以何种方式为我们提供对这些情况的深入理解提出质疑。他认为，在给我们提供富有意义的洞察方面，"直面现实生活中的事件"是一种好得多的方法，他还提到了一些人的研究，如贝特尔海姆（Bruno Bettelheim）对集中营中的行为动力的内部研究。③

　　这可以用来说明比利希（Michael Billig）描述的弗洛姆"为了避免提到实验结果，在他的著作《人类的破坏性剖析》中扭曲了知识"。④不过，比利希的评价或许并不完全公平，当实验证据涉及与我们经验相关的生物功能——如脑细胞活动时，弗洛姆似乎很乐意接受。⑤弗洛姆似乎反对那些假定在抽象的实验室条件下表现出的行为可以帮助我们理解真实生活经验之复杂性的研究。

131

①③⑤　Fromm, E. (1997). *The Anatomy of Human Destructiveness*. London: Pimlico, p.73.

②　Lunt, P. (2009). *Stanley Milgram: Shaper of Obedience*. Basingstoke: Palgrave Macmillan.

④　Billig, M. (1996). *Arguing and Thinking: A Rhetorical Approach to Social psychology*. Cambridge: Cambridge University Press, p.37.

　　我认为，就行为分析而言，无论是在精神分析面谈实验室，还是在社交实验室探索攻击性，从科学的角度看都比心理学实验室可靠得多。不过，在心理学实验室中需要更高层次的复杂的理论思维。①

　　在弗洛姆看来，科学意味着探索生命的复杂性，而不是坚守可能会模糊这些理解（而不是促进这些理解）的特定方法。

　　几十年过去了，米尔格拉姆的研究现在被认为是经典研究，几乎所有的社会心理学教科书都将这项研究包括其中。而与之相反，弗洛姆的名声到 20 世纪末似乎衰落了，考虑到实验方法在许多有声望的心理学院系的突出地位（虽然现在更关注的是认知过程，而不是纯粹的行为），这或许并不奇怪。像"心理学作为一门科学有其局限性，而且，由于神学的逻辑后果是神秘主义，因此心理学的最终结果是爱"② 这样的说法，一定是弗洛姆时代那些支持斯金纳派做老鼠实验的行为主义者厌恶的。由于弗洛姆从方法学和伦理学上反对以这种方式研究人，因此从这些方面来说，他不会受到欢迎，这一点似乎不足为奇。

132 　　弗里对弗洛姆在学术界地位较低的解释也说明了这一点："人们认为弗洛姆是那些'含糊不清的'欧洲思想家中的一个，这些思想家常被嘲笑，认为他们本质上不算是有英国血统的人。"③ 与此相矛盾的很可能是弗洛姆在大众和读者中取得的成功。弗里推断，根据既定的学术界的偏见，"任何严肃的学者都不希望或渴望如此大规模地销售他的作品。对一个真正的学

① Fromm, E. (1997). *The Anatomy of Human Destructiveness*. London: Pimlico, p.318.
② Fromm, E. (1975). *The Art of Loving*. London: Unwin Paperbacks, p.33.
③ Frie, R. (2003). Erich Fromm and Contemporary Psychoanalysis: From Modernism to Postmodernism. *The Psychoanalytic Review*, *90* (6), 855–868.

者来说，畅销书就是丧钟。"①

弗洛姆对主流心理学的强烈抨击也许可以解释为什么他在学术界的地位通常较低。在依然以实验范式为主导的教科书和期刊中，很少有人讨论弗洛姆的观点。

人本主义心理学

在心理学中，与弗洛姆一样对实验行为主义和正统精神分析持怀疑态度的取向是人本主义心理学。人本主义心理学通常被称为**第三势力**（third force），以描述它摒弃的这样一个假设，即决定我们会变成什么样的人的，要么是环境中的突发事件（environmental contingencies），要么是我们的潜意识。人本主义心理学家宣称，我们需要把人看成是有选择能力和自我指导能力的。我们期望弗洛姆能够在他们当中找到一席之地。不过，就像我们在第四章所看到的，弗洛姆一直小心翼翼地让自己与在很大程度上由马斯洛（Abraham Maslow）和罗杰斯的研究主导的取向保持一定的距离。

罗杰斯本人也强调，弗洛姆的观点与他对个体在现代社会以及现代娱乐的异化效应的背景下体验到的孤独的看法之间存在相似之处。② 不过，正如我们在第四章指出的，弗洛姆认为，罗杰斯关于来访者中心疗法的观点有些言过其实。弗洛姆认为，所有治疗本质上都是以来访者为中心的。弗洛姆觉得，一种以来访者自己的自我发现为导向的咨询方法是没有必要的，而且会让人精疲力竭。此外，来访者中心疗法忽视了潜意识的重要性，而弗洛姆依然把潜意识看成是理解人类处境的一个重

---

① Frie, R. (2003). Erich Fromm and Contemporary Psychoanalysis: From Modernism to Postmodernism. *The Psychoanalytic Review*, *90* (6), 855–868.

② Rogers, C. (1965). *Client-Centered Therapy*. Boston: Houghton Mifflin Company, p.290.

要方面。

不过，我们当然可以追溯弗洛姆在转向人本主义取向治疗和咨询的过程中与罗杰斯的人本主义取向之间的相似之处。此外，弗洛姆和罗杰斯都提出了这样一个基本的假设，即必须将来访者视为最终能够自主且能够为自己的行为——包括治疗关系中的行为负责的个体。

弗洛姆承认马斯洛为我们理解人类需要所做的贡献：马斯洛的需要层次理论明确指出了生理需要、审美需要，以及对安全、归属、爱、自尊和自我实现的需要。弗洛姆承认马斯洛关于人类需要的观点与他的观点有相似之处，但他同时也认为马斯洛的观点缺乏系统性，没有从存在性困境出发考察这些观点的起源。[①] 从这个意义上说，我们不应认为弗洛姆是一个人本主义心理学家，而应认为他是一个从基本的人本主义精神分析取向来研究心理学的人。

此外，弗洛姆坚决让自己与他那个时代迅速发展的自我发现和个人发展的大众市场保持距离。这或许颇具讽刺意味，因为这个领域的图书销售情况无疑促成了弗洛姆自身的成功，并把他的作品变成畅销书。弗洛姆原本打算在《占有还是存在？》的结尾加上一章，提供关于个体如何在日常生活中运用他的存在取向原则的具体建议。这些建议包括如何练习专注、冥想和自我分析，以发展出一种更加清醒、更有意识的生活方式［1989 年出版的《存在的艺术》(*The Art of Being*) 呈现了这些内容］。不过，弗洛姆最终决定不加这一章，他担心有人可能会将他的观点误解为暗示人类存在的问题只能通过自我分析和自我发现来解决。他担心这会削弱他对社会制度、政治体制和经济体制的批评，而且有可能减少他对纯粹心理学问题的社会

---

① Fromm, E. (1997). *The Anatomy of Human Destructiveness.* London: Pimlico, p.299.

关注。

通向未来探究的桥梁

在不同思想体系之间摇摆不定的弗洛姆是如何融入他那个时代不同取向之中的？ 1973 年出版的《人类的破坏性剖析》特别清楚地说明了弗洛姆如何试图将各种不同的探究方法结合在一起，以更为完整、更为全面地论述攻击性在人类处境中的作用。弗洛姆不怕走出自己学科的舒适地带，走近神经解剖学和神经生理学领域的专家，请他们教授他需要的专业领域知识。在撰写这本书时——弗洛姆已 70 多岁——弗洛姆发现了交流知识的巧妙方法："他每上一节课，就会给他的老师提供一小时的精神分析督导。"①

弗洛姆秉持的学科的多样性也说明，心理学本身在科学和哲学之间占据一个流动的有时候是矛盾的位置。我们可以认为，弗洛姆广泛的兴趣凸显了不同取向之间的差异与分歧。

当然，弗洛姆强调，不同学科可以提供给彼此的东西有可能非常丰富：

> 每一门科学（既包括神经生理学，也包括心理学）都有自己的方法，而且必然会在科学发展的某一个既定的点上处理这些问题。心理学家的任务不仅要意识到神经生理学的结论，并因这些结论而受到刺激或挑战，而且要向神

---

① Schecter, D. E. (1981 and 1958). To Be Truly with Him One Felt Fully Alive and Awake. In R. Funk (Ed.). (2009). *The Clinical Erich Fromm*: *Personal Accounts and Papers on Therapeutic Technique*. Amsterdam-New York: Rodopi.

经生理学家发起挑战，促使他们确认或否认他的发现。①

无论我们想强调弗洛姆的取向有什么样的缺点，他对人类处境的分析都值得称赞，因为他没有回避我们人类存在的复杂性。从这个意义上说，他显然是一个桥梁搭建者，热衷于研究构成我们生活结构的各种不同的特征，并将它们结合在一起。

基于对存在性需要的分析，弗洛姆提出了关于个体如何才能让自己的生活变得更有意义的具体建议。此外，他还审视了"必须进行哪些社会变革才能让个体的生活变得更有意义"，从而防止恶性攻击事件的发生。人们通常在哲学背景下讨论这些关于道德原则和生活指导的领域，对于亚里士多德和斯宾诺莎是弗洛姆分析存在性需要及其含义的灵感来源这一点，我们丝毫不感到奇怪。

不过，弗洛姆认为心理学是一门科学，在这个名字之下，某些概括（generalizations）是可行且可取的："人性虽然是历史演进的产物，但它具有发现心理学的任务是什么的内在机制。"②弗洛姆对于"成功地找到普遍有效的原则"持乐观态度：

135
我们可以像描述疾病状态那样以经验主义的方式客观地描述人的健康状态；像那些导致身心疾病的条件一样，我们可以确定有利于健康的条件。一项关于人的系统的研究可以让人们接受客观有效的价值观，因为这些价值观会让系统发挥最佳机能，或者至少，如果我们认识到了那些可能的选择，那么人本主义的准则就将会被……大多数健

---

① Fromm, E. (1968). *The Revolution of Hope*: *Towards a Humanized Technology*. New York: Harper & Row, p.75.

② Fromm, E. (2001). *The Fear of Freedom*. Abingdon: Routledge Classics, p.11.

全的人接受。①

　　这也表明了心理学及其他学科正努力应对的那个悖论：虽然我们与其他人拥有一些共同的人性特征，但我们也是独一无二的。生命开始于遗传趋势和进化趋势的复杂结合，随着我们长大，我们往其中添加了一杯个人意义和社会意义丰富的多彩的"鸡尾酒"，其中有一些是跟其他人共同的特征，同时也会有一些我们自己独特的个性。这样的复杂性不大受狭隘方法论的欢迎，因此很少有研究者把它们作为心理学的一部分直接提出来。

　　一个值得注意的例外是史蒂文斯的三形态理论（trimodal theory），该理论提出了一个框架，试图将人类存在的不同方面（如生物意义、象征意义，以及我们的自我觉察能力和反省能力）的研究整合在一起。特别是，史蒂文斯提出，要想有效地理解这些方面，需要不同的认识论（或理解的形式及方法）。例如，他区分了适合生物学研究的自然科学方法和对于理解意义来说至关重要的解释学方法。

　　学科之间也确立了进一步的联系。试图在脑科学、哲学和心理学之间搭建桥梁的出版物越来越多。达马西奥（Damaiso）②、泽基（Zeki）③等研究者将生物学、心理学和哲学结合在一起，探索了各种各样的方法让我们能够更全面地理解像情绪、意识等复杂的经验。哲学与心理学之间也建立了联系，探索了存在主义哲学与心理学（尤其是心理治疗）之间的

① Fromm, E. (1968). *The Revolution of Hope*: *Towards a Humanized Technology*. New York: Harper & Row, p.95.

② Damasio, A. (2000). *The Feeling of What Happens*. London: Vintage.

③ Zeki, S. (2009). *Splendour and Miseries of the Brain, Love Creativity and the Quest for Human Happiness*. Chichester: Wiley-Blackwell.

交点。[1] 诗歌与治疗之间的联系产生了更多富有成效的联盟。[2]
这样的方法可能有助于提供一种更为整合的观点。不过，不同
学科之间的差异可能意味着，弗洛姆关注的人类的核心经验仍
然夹在社会学、心理学、哲学、艺术和科学之间。

136　　　　正如我们看到的，弗洛姆分析的广度可能使他失去了在
学术思想家或精神分析思想家殿堂中的可靠地位（至少会让他
暂时失去可靠地位）。不过，我们也可以认为，任何关于人类
处境的描述，如果只集中于人类处境的一个方面，就不可能提
供可信的理解。从这个意义上，我们认为，弗洛姆的贡献是使
我们在理解人类经验的复杂性和矛盾性方面向前迈出了重要一
步。或许他自己并没有搭建将不同的取向结合在一起的桥梁，
但显然他指出了一点，那就是我们需要意识到其他的立场观
点，而不是一直局限于狭隘的教条之中。

就像英格尔比指出的：

弗洛姆从来没有真正得到他应得的学术认可。他最为
显著的特点，即他利用不同学科以及将一些不同的学科结
合在一起的能力，正是导致他和这些学科的专业实践者发
生冲突的原因。对精神分析学家来说，他太"社会学"；
对社会学家来说，他太"本质主义"；对马克思主义者来
说，他太"唯意志论"；而对神学家来说，他太"人本主
义"。正是因为他混合了如此多的论述，跨越了这么多的

---

[1] Hanscomb, S. (2006). Contemporary Existentialist Tendencies in Psychology. In
P. D. Ashworth & M. C. Chung (Eds.). (2006). *Phenomenology and Psychological
Science: Historical and Philosophical Perspectives*. New York: Springer.

[2] Mair, M. (1989). *Between Psychology and Psychotherapy: A Poetics of Experience*.
London: Routledge.

学科，因此他常常被他们所有人边缘化。[1]

弗洛姆本人不愿意被捆绑在特定的教条或思想流派上。在他看来，我们可以将烧毁船只，抛弃那些既定的和熟悉的事物视为一种解放性经验，它为采用新方法探索人类存在本质的古老领域铺平了道路。弗洛姆的方法广受称赞：我们需要不同学科之间的桥梁来创作一幅关于"什么是人"的更为丰满且更令人信服的画，而且从中得出一些处理人类处境必然会产生的困境的建设性方法。

---

[1] Ingleby, D. (1991). Introduction. In E. Fromm (2002). *The Sane Society*. London: Routledge Classics, p.li.

第七章　弗洛姆的观点对当代的影响

前面章节概述了弗洛姆的一些研究。正如我们看到的，他的观点在鼎盛时期非常受欢迎。它们后来变成什么样子？它们在我们这个时代仍然有意义吗？本章将试图追踪弗洛姆的观点对当前社会趋势和分析的影响。为了把弗洛姆研究的不同方面的线索放在一起，我们先简要回顾一下前面几章的内容。

第一章简要介绍了弗洛姆生活的一些重要方面，以及当时的社会文化背景。弗洛姆的人生道路不仅充满了丧失与剧变，而且充满了爱和创造性。在弗洛姆的发展中，个人自主性主题、寻求意义和积极关联的主题显而易见。第二章讨论了弗洛姆关于"什么是人？"的观点。其中一个关键的要点是人类存在的悖论，即我们的身体是自然的一部分，但与此同时，我们又凭借自己的自我意识力量超越了它。在缺乏生物本能指导的情况下，我们必须在个人层面和社会层面创造我们自己的意义和目的。

弗洛姆强调，成熟的爱和创造性的爱是处理这种紧张关系的方式。第三章（考察了弗洛姆关于人际关系的观点）突出了弗洛姆强调的关于人际关系的观点。弗洛姆提出，个性、爱和团结是解决我们的存在性需要的主要方式。

第四章介绍了弗洛姆关于治疗关系的观点是怎样从弗洛伊德的精神分析转向一种更强调人本主义的治疗取向的，这反映在弗洛姆的作品和精神分析实践中。治疗师和患者面对面的关系的品质是弗洛姆治疗取向的核心。

第五章主要讨论了弗洛姆对社会中的个体的评价。第五章论述了弗洛姆对当代消费主义社会的分析，以及对"占有"取向的强调何以没有触及人类存在的本质。弗洛姆提出的改进建议包括，建立人本主义的共产主义的社会主义。弗洛姆还提出了国家和国际要转变经济、社会和文化实践的建议。

第六章在心理学和心理治疗发展的更为广泛的思想背景下描画了弗洛姆的思想。它表明，虽然弗洛姆的兴趣范围可能意味着他的观点从未在某一个主题或研究领域找到归宿，但它指出了在不同学科之间搭建桥梁以促进我们对人类处境的理解的有趣方法。

本章将在承认一些指向弗洛姆研究的批评的同时，表明弗洛姆的一些思想观点与我们现在所生活的世界高度相关。

弗洛姆观点的价值

正如我们在前面各章看到的，弗洛姆的观点耐人寻味、发人深省，这些观点往往非常明晰和合理。我们谁都不能否认弗洛姆作为20世纪一位重要思想家的重要性。从第一章到第六章，我们注意到，虽然在社会批判和心理学的不同领域中，弗洛姆的声望有高有低，但他的畅销书以及他在全世界的受欢迎程度明确地证明了他的重要性。不过，有时候，弗洛姆的观点引发的问题似乎比它们回答的问题还要多。

弗洛姆关于社会性格的观点是一个有趣的尝试，他试图将关注的焦点同时集中于个人和社会。弗洛姆提出的概念有助于突出社会中的变化模式，例如他的"市场性格"概念，这个概念不再是对个体价值观的稳定理解，而是试图融入任何看起来富有吸引力的特定领域。不过，虽然弗洛姆关于社会性格的实证研究能够为他的观点提供更为具体的证明，但我们通常希望基于其合理性来接受它们。

我们在何种程度上认为弗洛姆的证据基础有问题，与我们自己的期望密切相关。如果我们将心理学视为一门与自然科学类似的学科，那么弗洛姆的许多观点就会被认为是没有事实根据的。如果我们看到弗洛姆的理论和概念在提供洞察力、智慧和生活指导方面的作用，那么我们至少可以认为，弗洛姆的理论和概念为进一步讨论提供了一个起点。和那些对弗洛姆的观点产生了影响的人（如马克思、弗洛伊德、斯宾诺莎、M. 埃克哈特）一样，弗洛姆的吸引力在于灵感，而不是量化的东西。

弗洛姆认为，人类处境的本质可以追溯到核心的存在性问题，他的这个观点正确吗？换句话说，我们的身体是自然的一部分，但同时我们又可以通过自我意识超越它，我们与这样一个悖论的斗争是正确的吗？对这个挑战性问题的回答是否在于我们对他人及生活本身持一种爱的取向，从而发展出富有成效的关系？这个问题引发了许多我们视之为人生基本价值观的深刻且复杂的哲学问题。

人本主义理想也是弗洛姆社会批判的基础，敦促我们从幻觉中觉醒，并改变我们的方式。弗洛姆在分析中提出了一些建议，即建议我们应该如何转变社会中的一些方面，使之更有利于满足人类的需要。他致力于人本主义的共产主义的社会主义的决心非常强烈。不过，他的改进建议有时候听起来非常幼稚，过于笼统，很少关注像世界经济的复杂性这样一些具体问题。他坚持在政治、经济和文化领域同时进行根本性变革，这无疑是一件很难实现的事情，因为他的建议吞噬了西方甚至可以说全球资本主义制度的本质。

弗洛姆遵循的是一条相当复杂的路线，他从不同的意识形态中借用了许多概念。有时候，他呼吁社会改良主义国家干预，以遏制自由市场经济下过度的不人道行为。但有时候，他又要求与自由主义意识形态相关的个人自由，而这些意识形态并不支持他们所说的国家干预。有时候，他的观点遵循的是一种提倡健康娱乐的保守主义意识形态，而且他高度赞扬关系中表现出的耐心、尊重等美德。而有时候，他又借用马克思主义主张进行一些根本性的社会变革。于是，这就促成了一个与多个迥然不同的思想体系相关的相当丰富多彩，有时候又相互冲突的建议杂货铺。

不过，他并不是唯一一个作这种平衡的人。西方世界的许多国家并没有走一条不受限制的自由市场经济的道路，而是由政府对市场过程进行一些调控，以保护其公民。个人自由与国家应该通过教育、健康和社会保障进行干预，以支持个体采取的方式之间的平衡，这一直都是西方国家许多政治辩论的核心。弗洛姆对团结和社区活动的强调是一个重要信息，提醒我们：尊重、关爱、关注等人类价值观的关键特征需要成为我们组织经济生活、政治生活和社会生活的方式的基础。在不平等现象日益严重的时代，这一点尤为重要。虽然弗洛姆的观点没有进入所有政策的核心，但它们抵消了那些关于资本主义过剩的信息，以及资本主义社会的不平等现象及潜在的内心空虚。

无论我们从哪个角度来探讨弗洛姆的研究，它似乎都将我们引向他的人本主义要旨，强调存在性问题的共性，并建议通过与他人建立创造性关联来解决个性与关联性之间的悖论。在这种背景下，怀尔德的评价似乎很恰当："弗洛姆在20世纪末期的社会科学家中独树一帜，他为这一考虑周全、精心设

140

计、论述严密的观点（即人的本质是寻求团结）提供了哲学
基础。"①

　　虽然弗洛姆统一人本主义的思想大厦这一点似乎令人印
象深刻，但这栋大厦基础的牢固性值得怀疑。弗洛姆经常重复
或重述他的要旨，以便让我们认识到个人选择和社会选择对
生活、爱和创造性关联的重要性。弗洛姆宣称，人本主义价值
观的普遍性可以追溯到各种不同的思想体系和信念体系中。这
些人本主义价值观是否像弗洛姆所说的那样毫无问题仍然有
争议。正如我们在第五章和第六章看到的，弗洛姆宣称，世
界主要的宗教和哲学中贯穿了一条明确的人本主义线索，我们
可以认为，弗洛姆的这一主张是基于对这些来源的有偏向的
选择。

　　而且，弗洛姆的理想就像一个个狡猾的家伙。当我们尝
试将这些理想转化为生活指导时，我们发现，它们涵盖的范围
非常广泛：从非常个人的领域到世界大同的政治领域，从通过
个人努力实现改变的建议到彻底改革整个体制的建议。这使得
弗洛姆要么像以前的嬉皮士大师一样被放在很高的位置上，要
么像神话中的乌托邦一样把我们带到不可能的境界。这些陈
词滥调要么不真实，要么不合理。弗洛姆深切关注的关于共同
人性的价值观是我们进入 21 世纪的要旨。虽然我们可能不同
意弗洛姆从中得出的所有含义，但它们至少构成了我们社会中
一些异化性发展和潜在破坏性发展的根本观点。它们提供了一
种加深我们对人类处境理解的方法，也提出了一些建设性的
方法。

---

① Wilde, L. (2004). *Erich Fromm and the Quest for Solidarity*. New York: Palgrave
Macmillan, p.4.

21 世纪的弗洛姆思想

141

我们在当前这个时代要怎样看待弗洛姆的思想？正如我们将在下文讨论的，弗洛姆的许多观点可以解释西方社会的当前趋势。弗洛姆在 25 年或 50 年前提出的一些建议，确实已经被采纳，还有一些建议仍有待实现，或者已经完全从议程中被剔除出去。在某些领域，结果证明，弗洛姆对于社会将如何发展的预测几乎可以说是预言，而在其他领域，他的预见则没有实现。不过，就像怀尔德宣称的，弗洛姆提出的许多改革建议"与我们当前的形势有直接的关联，他还提倡一种伦理的取向，要求人们能够促进与更为人性化、更具创造性的生活相一致的过程与结构"。① 就像下面的例子所强调的，弗洛姆的取向有一个特别的优点，那就是，他试图将不同的影响结合在一起。他将个人问题与社会背景联系到了一起，并从个体可以做哪些事情来改变非生产性生活方式及破坏性社会结构的角度探讨了社会问题。

当代社会的心理健康与幸福

弗洛姆宣称，孤独感、异化感及缺乏创造性关联感，是他所处社会的特点。它们也是消极性、破坏性和暴力行为经常被忽略的原因之一。

> 在我看来，在工业化社会，困扰人们的最为重要——也是研究得最少——的主题之一是无聊感、无能为力感、孤独感，以及迷失的内在感觉……它产生于迷失了方向和

---

① Wilde, L. (2004). *Erich Fromm and the Quest for Solidarity*. New York: Palgrave Macmillan, p.44.

价值观的感觉，以及缺乏内在良心引导的感觉……个体常常觉得自己是一个无名小卒，对自己创造的事物、制度和环境失去了控制。它会让个体产生一种与他人及自己相分离的感觉，它会让个体缺乏欢乐感，最终导致个体对生活——他自己的生活以及他人的生活——漠不关心。①

一些研究进一步证实了这些观点。例如，**自我决定论**（self-determination theory）中就涵盖了与弗洛姆关注的问题相类似的问题。自我决定论提出了这样一种观点，即基本心理需要满足的程度就表明了一个人的幸福程度。它提出的需要名单——能力、关联、自主性②——与弗洛姆的相似，虽然它在这一点上没有引用弗洛姆的观点。自我决定论主张，要把个体放到其社会环境中来看待。不过，它仅停留在弗洛姆从他的存在性需要中得出的公开政治含义。弗洛姆的建议超越了对个体的关注，他鼓励我们"建立一个更有可能实践爱和正直的社会，一个以生命的名义发挥功能的社会"。③

另一个研究心理健康问题的领域，如塞利格曼（Martin Seligman）描述的积极心理学（positive psychology）也有类似的观点。塞利格曼早期的研究有助于确定：一些以无助感和无法控制任何生活环境的感觉为特征的思维模式似乎与抑郁症的发作有关。④ 我们可以通过像认知行为疗法（cognitive

---

①③ Fromm, E. (2005). Violence and its Alternatives. An Interview with Frederick W. Roevekamp (1968). *Fromm Forum* 9/2005. Tübingen: International Erich Fromm Society, p.31, p.37.

② Ryan, R. M., & Deci, E. I. (2002). Overview of Self-Determination Theory: An Organismic Dialectical Perspective. In E. L. Deci & R. M. Ryan (Eds.). (2002). *Handbook of Self Determination Research*. Rochester: University of Rochester Press, p.7f.

④ Peterson, C., Maier, S. F., & Seligman, M. E. P. (1993). *Learned Helplessness: A Theory for the Age of Personal Control*. New York: Oxford University Press.

behavioural therapy）这样的干预手段来帮助个体改变这些思维模式。塞利格曼（及其他人）遵循了这一点，将关注的焦点更加明确地集中于我们经验的积极方面，如幸福。依据弗洛姆50年前考察过的同样的资料来源，塞利格曼（及其他人）指出，有些美德在不同的宗教和哲学思想体系中普遍存在（他们看起来好像是在试图发展一种"科学"取向，弗洛姆的观点在很大程度上被忽视了）。这些美德包括"智慧和知识、勇气、爱与人性、公正、节制、精神性和超然性"。① 乍一看，积极心理学取向与弗洛姆取向的相似之处显而易见。

　　莱亚德（Richard Layard）呼吁改善旨在帮助人们采取这些应对策略的心理健康条款，在他的呼吁之下，积极心理学作者倡导的"幸福"和"健康"的议程已经在英国全国范围内得到解决。② 不过，对于应该在多大程度上将关注焦点集中于个体——如治疗的可获得性——或者将关注焦点集中于更为公开的政治议程，意见不一。克拉克（Neil Clark）阐明了这一点。他呼吁成立一个埃里克·弗洛姆政党（Erich Fromm party），强调将心理健康作为政治议题的重要性。他批评莱亚德强调以个人为基础的疗法。对待个体的方式使他们思考快乐的想法，并鼓励他们心怀关于消极生活状况的幻想，这在更广泛的层面上似乎不利于更有意义的改变。（不过，应该指出的是，莱亚德最近提出了一些改革政策，其中包括与弗洛姆的观点相呼应的价值观，如爱和尊重。他对过度个人主义、社会不平等现象和信任下降的负面影响的考察，与弗洛姆对一些社会

---

① Seligman, M. E. P. (2003). *Authentic Happiness*: *Using the New Positive Psychology to Realize Your Potential for Deep Fulfillment*. London: Nicholas Brealey Publishing, pp.132–133.

② Layard, R. (2006). *Happiness: Lessons from a New Science*. Harmondsworth: Penguin.

现象的关注紧密相关。虽然莱亚德和邓恩①没有直接提及弗洛姆，但他们对当代社会中童年的批判性分析与弗洛姆思想有明显的相似之处，这再次证明了弗洛姆思想与我们这个时代的关联性。）

143

英国米德兰兹心理学组织（The Midlands Psychology Group in the UK）提出了类似的批评，他们认为，当前对"幸福"的强调：

> 充其量只是天真地试图通过一厢情愿的思考来改善世界，最坏则是一种阴险的社会控制……我们需要发展的是更大的能力，以帮助人们将其不幸牢牢地置于社会和物质背景中，并将他们的世界经验——包括其潜在的痛苦——阐述为"努力使世界成为一个更适合居住的地方"的第一步。这本质上是一项政治任务。②

弗洛姆很可能会欢迎这样的批评意见。

21 世纪的"占有"取向

在詹姆士（Oliver James）的作品中，我们可以找到与弗洛姆的一些观点非常类似的社会批判。詹姆士认为，我们在经济方面的幸福感的提升，通常不会反映在诸如攻击性水平、抑郁、成瘾行为、关系破裂等心理健康指标上。詹姆士宣称，

① Layard, R., Dunn, J., & the panel of the Good Childhood Enquiry. (2009). *A Good Childhood: Searching for Values in a Competitive Age.* London: Penguin.
② Cromby, J., Diamond, B., Kelly, P., Moloney, P., Priest, P., & Smail, D. (2007). Questioning the Science and Politics of Happiness. *Psychologist, 20* (7), 425.

"先进的资本主义从痛苦和不满中赚钱，就好像它鼓励我们用物质商品填补内心的空虚一样"。[①] 我们可以将这种评论与弗洛姆的观点进行比较："我们的消费态度就像是一张张开的大嘴。我们用各种各样的东西来填充自己，而没有付出真正的努力，也没有真正地参与。我们往往会因'这种被填满'而付出代价。"[②] 詹姆士在《富裕病》（Affluenza）一书中，直接借鉴了弗洛姆对消费主义的疯狂和空虚的分析。

弗洛姆提出，超市象征了社会上的人们对"占有"的痴迷。超市给了我们一个扭曲的选择观念："只要是放在货架上的东西，我们就可以随意购买。我们经常购买自己并不真正需要的东西，并且常常认识不到自己的'需要'和'欲望'被广告或者我们称之为'洗脑'的东西支配到了什么程度。"[③] 这无疑再次触动了当前关于超市力量之争论中的一根弦。我们观察到，"购物疗法"（retail therapy）已成为我们在生活出现问题时，用新衣服或小物件来安慰自己的简便方法。弗洛姆关注的主题是当下关注的，而且相当重要，这些主题提醒我们要注意"占有"模式的危险性（"占有"模式常常导致我们依赖于物质商品，用物质商品来满足本应该通过人际关系来满足的需要）。

对于弗洛姆那个时代的媒体，以及这些媒体在导致我们采取空洞的"占有"模式的过程中所起的作用，弗洛姆持非常负面的看法。弗洛姆批评这些媒体的潜在操控力，并呼吁政府采取一些具体的干预措施以终止"所有人类产品的广告……以及带有隐藏情绪和非理性诉求的广告，这将迫使广告商只能陈述

144

①　James, O. (1998). *Britain on the Couch*. Vermillion: Random House Group.

②③　Fromm, E. (2005). Violence and its Alternatives. An Interview with Frederick W. Roevekamp (1968). *Fromm Forum* 9/2005. Tübingen: International Erich Fromm Society, p.33.

事实"。① 一些广告（如烟草广告）被大大削减了。不过，那些
利用我们的同一性需要的广告（例如，将产品与美、权力、性
欲联系在一起的广告）仍然占主导地位。

弗洛姆把电视单独挑了出来，他认为电视尤其具有催眠作
用，因为它会诱使我们迫切地、不加批判地根据电视提供的信
息进行消费。② 人们在看电视上花的时间相当多。在英国，10
个人里面有 8 个人报告看电视是他们主要的休闲活动（超过他
们与家人、朋友待在一起的时间）。看电视的被动性已经遭到
各种批评。在孩子成长的过程中，电视呈现给他们的形象几
乎成了他们的现实——但在这种现实中，他们只是迟钝的接受
者，不是主动的创造者。

此外，媒体也在我们的名人文化中发挥了重要作用。当
屏幕和杂志封面上的形象吸引着我们进入偶像的世界，去了解
偶像的习惯、品位及生活模式的细节时，一种虚假的关联感
就产生了。当我们不仅购买明星的音乐或电影，而且还购买有
他们名字的衣服或香水时，我们就是寻求进一步的认同。弗洛
姆对他那个时代的名人崇拜的总结，至今似乎依然完全合乎
时宜。

> 在当今的西方社会，名人的自恋与公众的需要之间存
> 在一种特殊的联系。后者之所以希望与名人保持联系，是
> 因为普通人的生活是空虚无聊的。大众传媒靠出卖名声为
> 生，因此人人，包括自恋的表演者、公众和有名的商人都

---

① Fromm, E. (2005). Violence and its Alternatives. An Interview with Frederick W.
　Roevekamp (1968). *Fromm Forum* 9/2005. Tübingen: International Erich Fromm
　Society, p.36.

② Fromm, E. (1999). *GA XI Politische Psychoanalyse*〔Schriften aus dem Nachlass〕.
　(1974, Im Namen des Lebens' Interview with Hans Jürgen Schultz), p.612ff.

感到满意。①

虽然这是对我们感知到的社会中的名人崇拜的共同评价，但仍值得怀疑。这真的是一个新的发展吗？毕竟，在过去的几个世纪，当时的"名人"——也就是皇家贵族——也是从时尚到饮食等生活方式的潮流引领者。但是，这显然是一个我们应该保持批判性警惕以保护我们的现实感和认同感的领域。

145

"占有""行动"还是"存在"？

一些社会观察者提出，消费至关重要。消费很可能已经成为我们定义自己的主要方式。②积累财富似乎成了许多人生活的主要目标，而且人们常常根据其汽车、房子、衣服和小器具的价格来评价他们自己及其他人。

弗洛姆分析的一个方面可以用于我们时代的发展。在我们的工作中，"忙碌"似乎无处不在。工作时间长、行政责任的增加，以及没完没了的电子邮件带来的压力，反映在了我们在不值班时也要忙个不停的"需要"中。我们"不得不"去购物、去健身房、去洗车、去玩最新的电脑游戏，就好像如果我们什么都不做，就会让人觉得我们不那么重要一样。

因此，我们可以认为，在21世纪初，"占有"取向的一个特定方面已普遍存在。慢慢地，我们似乎陷入了一种相关的模式——行动模式中。在这种模式下，"不停地忙碌"成了对抗存在性焦虑的主要防御手段。在《占有还是存在？》一书中，弗洛姆区分了两种不同类型的活动——创造性活动（productive

① Fromm, E. (1997). *The Anatomy of Human Destructiveness*. London: Pimlico.
② Dittmar, H. (2004). Are You What You Have? *The Psychologist, 17* (4), 206–210.

activity）和非创造性活动（non-productive activity），这种区分很有用。创造性活动描述了我们使用人类力量的积极方式。它是我们自己的心理或情绪体验，与存在模式密切相关。① 弗洛姆比较了创造性活动与非创造性活动。弗洛姆将非创造性活动描述为异化的、无休止的忙碌，要么受外在因素和一个又一个无穷无尽的最后期限的驱使，要么被内在的强迫观念驱使着。

弗洛姆强调非创造性活动与现代资本主义的关联性：

> "活动"的概念取决于现代工业社会人类最普遍的一种幻觉。我们整个文化处在活动的齿轮上——活动在这里的意思就是忙碌……（忙碌是商业必需的）。事实上，大多数人都非常"活跃"，以至于他们不能忍受无所事事。他们甚至把他们所谓的闲暇时间都转变成另一种形式的活动。如果你不积极主动地挣钱，那么你就会积极主动地开车四处兜风、打高尔夫球或闲聊。让人害怕的是那些你真的无事"可做"的时刻……他们不断地需要来自外界的刺激……而且，他们被驱使着去做一些事情，以逃避他们在面对自己时引发的焦虑，这时，他们认为自己是非常积极主动的。②

弗洛姆提出，"忙碌是一个人用来保护自己，使自己免受身处阴影之地的折磨的手段"。③

---

① Fromm, E. (1979). *To Have or To Be?* London: Abacus, pp.93–94.
② Fromm, E. (1968). *The Revolution of Hope: Towards a Humanized Technology*. New York: Harper & Row, p.12.
③ Fromm, E. (1980). *Beyond the Chains of Illusion: My Encounter with Marx and Freud*. London: Abacus, p.166.

那么，在多大程度上，这不仅是一个针对某些个体的问题，而且是社会层面关注的问题呢？一些社会观察家指出了类似的情况。格根（Kenneth Gergen）[1] 描述了一个在面对日益增加的信息和刺激时错乱的、饱和的自我。而且，一旦我们受到诱惑，就会在"占有"过程中投入越来越多的时间。购物作为消遣活动和假期活动正不断以新的、不同的方式得到推广。社会一直假借"选择"的名义，鼓励我们比较商品和服务的价格。我们可以存钱，但找到存钱之道的"活动"往往要耗费我们很多时间，更不要说精力了。对于那些在经济、时间、精力上都已经努力达到收支平衡的人来说，这样的"选择"会给他们增加更多的压力。施瓦茨（Barry Schwartz）进一步思考了这个"选择悖论"（paradox of choice）：痴迷于社会中的选择，意味着我们最终将变得消极被动，而且失去正确的判断力。[2]

反思我们在每一种活动模式上花了多少时间——既包括花在工作上的时间，也包括花在休闲活动上的时间——可能是一件有趣的事情。幸运的是，近年来围绕生活／工作平衡的讨论增多了，我们越来越清楚地认识到生活中**存在时间**（being time）的重要性，在这样的时间里，我们以积极的方式将自己看成是自身活动的发起者，而不是被日益增加的压力驱使。

这些问题不只涉及成年人忙碌的工作生活。孩子们要在学校"表现"好，要获得宝贵的上大学名额，因此承受的压力也越来越大。我们可以看到，许多年轻人都按照一个没完没了的活动时间表生活。这并不是说"什么都不做"应该成为这些问

[1] Gergen, K. J. (1991). *The Saturated Self: Dilemmas and Identity in Contemporary Life*. New York: Basic Books.
[2] Schwartz, B. (2004). *The Paradox of Choice: Why More is Less*. New York: Harper Collins.

题的答案，而且现在还有很多人担心那些"无所事事"的年轻人。毕竟，就像弗洛姆提出的，创造性活动事实上可以防止破坏性。这两个群体都因同一个因素而备受折磨，即不能以最具建设性的方式使用他们的权力和精力：一个群体受到外在压力的驱使，另一个群体则因为缺少内在方向而受到驱使。我们可以看到，弗洛姆的"存在"概念很有用，在这里是进一步研究和主动行动的跳板，也是发展更令人满意的新的生活方式的刺激因素。

社会性格和同一性

弗洛姆的"社会性格"概念提供了一种分析方法，即我们可以根据个体和社会与世界及其他人建立关联的主导模式来对其进行分析。芬克紧跟弗洛姆的思路，强调人是如何通过习得的东西来定义自己，又是怎样过度依赖技术的。例如，当我们的手机被偷，或者当我们的电脑网络瘫痪时，我们就会感到完全迷失；当外部来源没有给我们提供娱乐消遣时，我们就不知道该如何与自己相处了。① 这样的分析有助于突出社会中的弱点和差距。不过，我们必须谨慎，不要仅仅因为他人的行为表面上符合该图式而用这些术语来形成对他们的刻板印象。

在弗洛姆看来，民族同一性提出了一个特殊的挑战。虽然弗洛姆认为这种可测量的对社区福祉的关注感很有用，但他把一个人对国家的过分认同看成是人尚未获得充分发展自由，依然与过去血脉相连的标记（参见第五章）。一方面，弗洛姆呼吁更多的个性化；另一方面他又觉得，这必定会伴随一种全球

---

① Funk, R. (2008). Entfremdung heute: Zur gegenwärtigen Gesellschafts-Orientierung. *Fromm Forum* 12/2008. Tübingen: International Erich Fromm Society, p.64.

团结感。

我们该如何理解当代社会的民族同一性呢？全球化和个人选择的压力已经导致跨国和跨州的移民。人们担心，民族同一性可能会遭到侵蚀。各国都努力在文化和宗教多样性的背景下界定"它们的"认同，它们害怕失去那些表征其原先确定之事物的象征物（从钱币到语言）。

在关于欧洲同一性的研究中，出现了与弗洛姆观点的有趣关联。罗宾（Richard Robyn）虽然没有直接提到弗洛姆，但他讨论的一些主题与弗洛姆的思想有明显的重合。例如，罗宾提出了对日益增长的民族主义的担忧，并认为，"近似存在性的问题"[①]源于那些试图弄清社会变革含义的人，如德国的统一以及欧洲更为广泛的发展。弗洛姆对同一性的关注和他为解决这个问题勾画的选择显然是相关的。当各国意识到它们的同一性受到威胁时，可能就会导致回归孤立主义。理性的原则应该是逐步提高对超越国家的共同人道主义原则的意识。毕竟，任何一个国家都不能独自主张像团结、自由、爱、正义、宽容这样的价值观。不过，全国选举产生的政治家可能并不认为需要优先考虑弗洛姆关于全球人道主义的宝贵思想。

148

当代社会的个人关系

弗洛姆认为，"建立爱的联系"是解决我们的存在性孤独问题的答案。进一步的研究无疑证实了它在人际关系中的重要性。社会支持对各种紧张生活状况的缓冲作用有据可查。拥有

[①] Robyn, R. (2005). *The Changing Face of European Identity: A Seven-Nation Study of (Supra) National Attachments.* Abingdon: Routledge, p.6.

爱的伴侣和关心自己的朋友，以及让自己成为爱的伴侣和关心朋友的人，对我们的心理健康和身体健康都有好处。[①] 在人际关系领域，弗洛姆对爱的呼吁以对关爱、责任、尊重和知识的态度为基础，因此这显然依旧是一大要旨。

一方面，人们对现代技术影响我们人际关系的程度感到担忧。克拉克在讨论英国人在社交网站上花的时间比欧洲其他国家的市民多时，直接提到弗洛姆。克拉克提出，痴迷于技术和在网络空间"交"朋友会破坏建立真实关系和社会支持网络的机会。克拉克指出，我们生活在一个几乎没有任何人会信任其他人的社会，在这个社会里，电视、媒体以及从中获益的大公司都积极地鼓励（而不是谴责）自恋和自我崇拜。克拉克观点的激进程度让我们想起了弗洛姆观点的力度。就像对待弗洛姆的一些夸张说法一样，我们也可以质疑克拉克提出的"几乎没有任何人会信任其他人"的论断。让人心生希望的是，友谊、尊重、关爱其实比这里提出的情况要常见得多。不过，克拉克表达的担忧确实很重要。

另一方面，社交网站不应该成为我们对社会上的技术感到不安的唯一焦点。毕竟，社交网站使我们可以与地理上距离遥远但情感上亲密的朋友保持联系，就好像过去的一条电话线让这样的联系变得更加容易一样。更加令人担忧的发展可能是，由于邮局、当地银行和小商店的倒闭，从而破坏了建立更为宽松的社会支持网络的机会。虽然网上银行和购物的技术看起来可能会让消费者的生活变得更加便利（并降低了运营的成本），但是商店和银行的关闭会使城镇和村庄失去一种社区感，并减少了建立真正的人际关联的机会。

---

① Argyle, M. (2001). *The Psychology of Happiness*. Hove: Routledge.

当代社会的职业关系

我们可以从弗洛姆的治疗取向中吸取哪些内容用于 21 世纪心理咨询、社会工作、健康或教育背景下与人合作的方面呢？正如我们在第四章看到的，试图勾勒出弗洛姆的治疗取向往往会面临这样一种风险，即这将成为一种碎片化的行为，其碎片数量远远少于构成整个画面必需的数量。弗洛姆建立治疗联系的方式通常是这样的：从人本主义的立场出发选择性地应用一些精神分析元素，同时慎重使用直接干预。

心理治疗与咨询

弗洛姆自己实践几十年后，他的一些观点确实已被采用。健康专业和社会工作培训的许多方法都有这样一些特点，如治疗师对来访者真正感兴趣，关注来访者并使用一些技术来挑战来访者的自我观点等。[①] 通过讲故事促进来访者提高自我表达能力的技术，与弗洛姆在治疗中使用直觉和想象的技术有很多相似之处。在护理、教学和青年工作等领域，"督导和鼓励采取一种自我反省的取向"在专业关系建立中的重要性已经得到广泛的认可。这并不是说弗洛姆的研究必定会对这些发展产生影响。毕竟，弗洛姆不是第一个表达这些观点的人，也不会是最后一个。弗洛姆所作贡献的重要性在于这样一个事实，即他非常清楚地强调了反省、成长和爱的重要性，并分析了它们在现代世界治疗干预中的重要性。

弗洛姆将职业关系的品质放在非常突出的位置，这一点得到近期研究的支持。例如，对于身处困境之中的儿童和青

---

① Egan, G. (2007). *The Skilled Helper: A Problem-Management and Opportunity-Development Approach to Helping* (8th ed.). Belmont: Thomson Higher Education.

少年的复原力研究有力地表明了与成年人建立真正关联的重要性，不管这个成年人是专业人员、家庭成员还是志愿者，均是如此。[1] 在强调高度监控的**问责制**（intensely monitored accountability）和**目标驱动方法**（target driven approaches）的当今社会中，这是一个尤其具有挑战性的观点。弗洛姆强调的这些品质——直觉和创造性——似乎与这些规定相冲突。

而且，对风险评估以及随之而来的对于广泛的（有时候很可能是过度的）官僚制度和行政管理的需要的担忧，也有可能会破坏创造性的关系，而且实际上可能会阻止合适的成年人，比如社区中的志愿者挺身而出。这当然不是否认现实风险评估的必要性，但弗洛姆的观点提醒了我们，应该把人类关系放在治疗干预的中心位置。

所以说，弗洛姆不仅在与患者或来访者一对一关系的层面，而且也在更为广泛的制度层面提出了发人深省的观点。"行政负担和关注结果而不是过程"在多大程度上已成为专业人士表达其对人们的真正兴趣的障碍？我们对界限的恐惧在哪些方面限制了职业关系中的关联所能达到的深度？这可能是一次警钟，提醒要根据对一线工人建立创造性关联的潜能的影响重新审视制度的结构。

当代社会的教育

在教育领域，弗洛姆也强调，需要关注社会背景下的互动品质。我们可以争辩指出，自弗洛姆时代以来，已经有更多的

---

[1] Gilligan, R. (2000). *Promoting Resilience*. London: BAAF. or Schofield, G. (2001). Resilience and Family Placement: A Lifespan Perspective. *Adopting & Fostering*, *25* (3), 6–19.

举措以整体的方式来考虑学生。学校已经引入公民义务和社会教育方面的课程，弗洛姆可能也认可这些课程提供的内容。韦尔（Helmut Wehr）① 提出，弗洛姆关于学生与教师之间的恋生性关联和创造性关联的概念，为当代社会的教育提供了有用的基础。这包括教师用真正的兴趣，以及在慈爱的接受与纪律之间保持平衡的态度来对待学生。

不过，下面的陈述似乎也合适："不仅工业生产会遵循连续无限加速的原则，教育体系也有同样的标准：大学毕业生越多越好……很少有人会提出质量问题，或者这种数量的增加到底有什么好处。"②

现在，质量问题确实已有人提出——但有时只是在量化和竞争的意义上提出的。成绩排名表给老师和学生施加了经受考试磨炼的压力，有时候会让他们忽视创造力和学习能力。弗洛姆认为，教育是一个更为广泛的过程，离不开在更大社会中发生的事情："我认为，教育意味着让年轻人知道我们人类最好的遗产……只有在教师身上和在社会的实践和结构中，语言变成了现实，教育才能有效地发挥作用。"③ 弗洛姆还提醒我们，这必须成为一个全社会的过程。虽然教师可以努力发展出一种以人为本的取向来对待他们的学生，但只有得到社会上更为普遍的相应价值观和实践的支持，这项工作才能取得成功。

此外，弗洛姆还质疑了初等教育和中等教育中年龄段划分的刻板性。他认为，许多人到了三四十岁时会学得更好（此

151

① Wehr, H. (2000). Biophile Alternativen in der Weiterentwickling der Schule. In R. Funk, H. Johach & G. Meyer (Eds.). (2000). *Erich Fromm heute*: *Zur Aktualität seines Denkens*. München: Deutscher Taschenbuch Verlag, p.118.

② Fromm, E. (1968). *The Revolution of Hope*: *Towards a Humanized Technology*. New York: Harper & Row, p.36.

③ Fromm, E. (1980). *Beyond the Chains of Illusion*: *My Encounter with Marx and Freud*. London: Abacus, p.167.

时，他们已经更加成熟，而且可能觉得有必要换掉年轻时选择的职业）。他建议，我们应该完全自由地这样做，[①] 而且他很高兴地注意到 20 世纪 60 年代英国教育中人口统计图的变化（开放大学就预示了这一点）。

当代社会的工作

正如我们看到的，在弗洛姆看来，工作是一个尤其值得关注的问题，因为这与人们的一些存在性问题有关联。人们已开始频频强调工作带来的关联感和认同感。不过，在西方资本主义的工作环境中，我们对于关联的需求不一定会得到满足。詹姆士提醒我们注意，在鼓励社会比较和过度自我中心的条件下，"工作场所日益强调竞争性和评估"[②] 带来的负面影响。弗洛姆提出，由于把经济放到了第一位，人类议程被推到了幕后，因此可能会导致敌意感的出现或关注的缺失。[③]

弗洛姆的**人本管理**（humanistic management）的观点强调与工作场所关联的重要性。在弗洛姆看来，异化的官僚关系应该被另一种制度取代，在这种制度中，工人有机会参与决策过程，有机会让自己的声音被听到，有被重视的感觉。这样一种制度将致力于满足他们对关联感和认同感的需要。可以说，许多组织都已经开始沿着这些思路建立人际联系。不过，对于大型跨国公司来说，应用弗洛姆观点的必要性很可能尤其重要，在这些大公司，工人已经脱离任何与人类需要相关的产品概念，从某种程度上说，管理人员亦是如此。

152

[①]　Fromm, E. (2002). *The Sane Society*. Abingdon: Routledge Classics, p.338.

[②]　James, O. (1998). *Britain on the Couch*. Vermillion: Random House Group, p.70.

[③]　Fromm, E. (2001). *The Fear of Freedom*. Abingdon: Routledge Classics, p.102.

在当前失业率上升的情况下，我们必须认识到与此相关的人力成本，这一点也很重要。如果工作不再提供认同的源泉和建立关系的机会，那么这些需要还能怎样满足呢？按照弗洛姆的观点，我们最好特别注意教育和志愿工作是怎样帮助个人在没有工作报酬的情况下找到意义的。政府应该鼓励这样的计划（以及对失业的经济影响的关注）来支持其公民的心理健康。

当代社会的社区关系

当前社区实践在多大程度上促进或阻碍了创造性关系的发展，这显然是一个复杂的领域，大西洋两岸的社会观察者对此进行了广泛讨论。

社会资本的概念已经解决弗洛姆提出的关联性问题。这个术语可以被界定为"社会生活的特征——网络、规范与信任——它使参与者能够更有效地一起行动以追求共同的目标"。[①] 在美国，有人已经表达对"社区精神"导致的人际关系缺失的担忧，他们提出，"今天，大多数美国人都感觉自己茫茫然然、极不舒适地与他人断开了联系"。[②]

帕特南（Robert Putnam）精辟地描绘了美国公民脱离社区现象的发展状况，用图表的形式描绘了社区组织的衰落。基于详细的社会分析，他强调，有必要让公民重新参与社区活动和社会资本建设，这不仅是一个个人问题，也是一个社会问题，需要在人际互动的所有层面来解决（从年轻人的课外活动到让人们重新参与投票选举活动）。我们可以想象，弗洛姆一定会赞同其中的一些措施。帕特南还有一个类似的观点：电视至少

---

① Putnam, R. D. (1996). In Baron, Field & Schuller (2000). *Social Capital*: *Critical Perspectives*. New York: Oxford university Press, p.9.

② Putnam, R. D. (2000). *Bowling Alone*: *The Collapse and Revival of American Community*. New York: Simon and Schuster Paperbacks, p.402.

是造成人们花在社区活动上的时间变少的部分原因。正如我们所看到的，弗洛姆对媒体一直持批判态度，他担心科技会破坏人与人之间的关系，他对墨西哥农业社区的研究也证明了这一点，在那里，电影、广播的出现就宣告许多人们共同参与的文化活动结束了。①

不过，我们或许也希望颠覆他们对这些问题的看法。帕特南注意到自 20 世纪 60 年代以来公民脱离社区的趋势。是否有可能真的是像弗洛姆这样宣称个性重要性的作家，促成了这种衰落？毕竟，像弗洛姆提出的避免"群体顺从"的号召不太可能让我们快速加入已有的俱乐部。这再次指出了平衡关联和个性需要方面存在的困难，而且表明，我们要想维持这样一种平衡，将需要更多的思考和行动。

当代社会的政治关切

另外，弗洛姆对政治家展现自我的方式持悲观态度，他质疑他们是否真的遵循了一种民主的议程。在一种不具体涉及人类价值观的体制中，政治领导层也反映了这一点："这种体制下产生的自私倾向使得领导者更看重个人成功，而不是社会责任。"② 就像弗洛姆提出的，政治家应该以诚实、透明（而不是以自我为中心的选举活动）为目标。同样，选民们需要重新审视政治家的动机，而不要仅仅狭隘地关注"这对我有什么好处"。

而且，弗洛姆提出，政党的组织已经疏离了选民：

---

① Fromm, E. (1999). *GA III Empirische Untersuchungen zum Gesellschafts-Charakter* (1970, *Social Character in a Mexican Village: A Sociopsychoanalytic Study*, German version translated by Liselotte and Ernst Mickel), p.271.

② Fromm, E. (1979). *To Have or To Be?* London: Abacus, p.19.

政治宣传的方法往往会让个体选民产生更为强烈的无足轻重感。标语口号的反复出现以及对那些无关利害的因素的强调，麻木了选民的批判能力。明确且理性地阐述他的思想，是政治宣传中的例外——即使在民主国家……个体选民也会情不自禁地感觉到自己的渺小与无足轻重。①

弗洛姆提出的补救方法是参与式民主（participatory democracy），在这种民主中，选民有机会更为直接地参与决策过程。怀尔德提出，"弗洛姆的研究坚决反对当代日益渗入社会生活和政治生活的宿命论"。②虽然一些与弗洛姆的观点相一致的措施——例如，健康信托组织成立的焦点小组——现已被引入，但显然有必要进一步讨论。

当代社会的生态关切

一个表明弗洛姆具有先见之明的关键领域是我们与自然的矛盾关系——我们一方面想成为自然的一部分，另一方面又想控制自然、战胜自然、利用自然。弗洛姆声称，"工业社会蔑视自然"③，这个观点现在几乎被认为是理所应当的，因为几乎每天的媒体头条都在关注我们在气候变化发展中发挥的作用。他问："除了灾难，还有其他的选择吗？"④在现在知识日益增长，而我们越来越担心自己对自然环境的影响的背景下，弗洛姆的这个问题似乎没有不当之处。虽然弗洛姆主要担心的是全球核战争的危险，但温室气体的危险已成为我们地平线上

① Fromm, E. (2001). *The Fear of Freedom*. Abingdon: Routledge Classics, p.112.
② Wilde, L. (2004). *Erich Fromm and The Quest for Solidarity*. New York: Palgrave Macmillan, p.50.
③④ Fromm, E. (1979). *To Have or To Be?* London: Abacus, p.17.

隐约出现的一片特别黑暗的云。气候变化真的已成为一个公认的事实，因为绝大多数专家不再把它当成一个有效性尚未确定的假设。事实上，有一部讲述气候变化后果的电影《难以忽视的真相》（*An Inconvenient Truth*），其导演戈尔（Al Gore）获得了 2007 年诺贝尔和平奖。全球威胁的具体细节可能已经发生改变，但弗洛姆的观点听起来完全合乎最新的发展情况，那就是"历史上第一次人类身体的生存取决于人类心脏的重大改变"。①

1991 年，英格尔比指出了弗洛姆思想持续的——甚至是日益增大的——影响。我们可以争辩指出，大约在 20 年后的今天，由于气候变化加速和恐怖主义带来的威胁越来越大（或者至少对其中的一些危险有了越来越清楚的认识），我们需要更加紧迫地重新审视弗洛姆的观点。在弗洛姆时代，消费主义主要被看成是一个个人和社会的问题，但如我们所知，过度的"占有"取向正不断威胁我们这个星球的生存，现在消费主义也成了一个全球关注的问题。

推进弗洛姆的思想

正如上面的探讨所表明的，再次审视弗洛姆的思想的时机已经成熟。弗洛姆强调，在日常生活、政治体制和世界大同政治②等层面都要采取一种伦理的取向，对于他强调的这个要点，现在或许比以往任何时候都更需要。我们可以将弗洛姆的思想看成是给我们时代提供的一条强有力的信息。为了发展一个与人类需要相一致的社会，并建立符合人类需要的关系，我们必须以尊重和正念的基本立场来对待生活，无论是对我们自己，

---

①② Fromm, E. (1979). *To Have or To Be?* London: Abacus, p.19.

还是对日常生活中与我们有关联的人，都是如此。此外，这种取向也是国际政治联系和经济联系得以建立的重要基础。

弗洛姆的分析之所以特别有意义，是因为他的框架把存在性问题作为分析的起点。他强调个体对于关联的需要，以及与此相关的对于超越、寻根、同一性和价值观体系的需要，这一点值得我们深思。同其他许多社会批评家不一样，弗洛姆在他的理论中包括心理需要，这可以用来解释个体的行为，并为在个人层面上积极向前迈进提供了基础。不过，弗洛姆同许多治疗师和咨询师不一样，他强调致力于社会结构的重要性（这些社会结构使得健全生活成为可能的事情）。因此，个人和社会制度都脱不了干系：我们不能忽视自己的个人发展与关系，也不能忽视更为广泛的社会议程。任何致力于改善我们心理健康的计划都必须在两个层面上实施：一个是常识的层面；另一个是极少讨论的层面。正是这种辩证关系使得弗洛姆对爱和尊重的关注变得极为独特，也提醒我们自己，关注他的思想显然是一件有价值的事情。

虽然我们可以争辩指出，弗洛姆试图跨越不同的思想体系和信念体系追踪人本主义的做法，可能会将它们的共同特征降到最低程度，但这或许是我们当前唯一能够为健全的生活提供基础的共同特征。弗洛姆的立场可能是一种以实用为基础的明智做法。将关注的焦点集中于不同信念体系之间的共同性和基本一致性，有助于培养社区之间的团结感与和谐感。此外，在将每一种主要的世界宗教与人本主义价值观联系起来的过程中，弗洛姆还给各种宗教的信徒提供了一种方式，使他们的信仰与基于人本主义原则的社会制度协调一致。只要社会遵循这些共同的核心的价值观，信徒就不会认为他们的信仰与社会秩序不符。对共同理想的强调，使得人们可以想象他们的信念在人本主义价值观植根于其中的社会是怎样实现的。

　　弗洛姆关于爱的要旨来源于我们对个人和社会的存在性需要，这一要旨的全面性似乎为看待当代的发展提供了新的但同时也是古老的方法。这些都是难题，没有简单的答案。弗洛姆的观点不可能把明天的政治议程和道德议程单独拿出来讨论。不过，它们有助于推动我们以有益的方式看待我们自己和社会。就像弗洛姆自己提出的：

　　　　热爱生活没有什么处方，但可以学到很多东西。如果你能摆脱幻想，看清他人和自己的真实面貌；如果你能学会静下来，而不是总是"到处跑"；如果你能把握生命与事物、幸福与刺激、手段与目的，以及——最为重要的——爱与强迫之间的区别，那么你就已经迈出热爱生活的第一步。①

---

① Fromm, E. (2005). Do We Still Love Life. *Fromm Forum* 9/2005. Tübingen: International Erich Fromm Society, p.11.

索 引 *

---

* 本索引中数字为英文版页码，现为中文版页边码，提示可在该边码所在页面检索相关内容。——译者注

图书在版编目（CIP）数据

埃里克·弗洛姆：人类处境的探索者 / (英) 安妮特·汤姆森(Annette
Thomson) 著；方红译. — 上海：上海教育出版社，2022.6
（心灵塑造者：心理学大师及其影响）
ISBN 978-7-5720-0957-0

Ⅰ.①埃… Ⅱ.①安… ②方… Ⅲ.①弗洛姆(Fromm, Erich 1900-1980)
－生平事迹 Ⅳ.①B712.59

中国版本图书馆CIP数据核字(2022)第121869号

责任编辑　王　蕾
封面设计　郑　艺

心灵塑造者：心理学大师及其影响
埃里克·弗洛姆：人类处境的探索者
[英] 安妮特·汤姆森(Annette Thomson)　著
方　红　译

出版发行　**上海教育出版社有限公司**
官　　网　www.seph.com.cn
地　　址　上海市闵行区号景路159弄C座
邮　　编　201101
印　　刷　上海叶大印务发展有限公司
开　　本　889×1194　1/32　印张 7.5
字　　数　182 千字
版　　次　2022年8月第1版
印　　次　2022年8月第1次印刷
书　　号　ISBN 978-7-5720-0957-0/B·0026
定　　价　49.00 元

如发现质量问题，读者可向本社调换　电话：021-64373213